Inhaltsverzeichnis

Lebensraum Wiese und Hecke

Lebensraum Teich und See

Lebensraum Wattenmeer

Inhaltsverzeichnis

Lebensraum Wald

Lebensraum Bergwelt

Lösungen

Kennzeichnung des Schwierigkeitsgrades

leicht

mittel

schwer

Entstehung der Wiesen

1 Lies den Text.

Vor vielen Tausenden von Jahren war die Landschaft hauptsächlich von Wäldern bedeckt. Erst als die Menschen sesshaft wurden, holzten sie einen Teil der Wälder ab. So entstanden allmählich Wiesen mit ihrer vielfältigen Pflanzen- und Tierwelt. Die Menschen nutzten den freien Boden für den Anbau von Getreide und als Viehweiden. Wiesen werden entweder von Weidetieren abgefressen oder ein- bis zweimal im Jahr gemäht. Die Pflanzen wachsen immer wieder nach. Abgeschnittene Gräser und Pflanzen werden entweder frisch oder getrocknet an das Vieh verfüttert. Ungenutzte Wiesen werden bald wieder zu einem Wald.

Wiesen sind wichtiger Lebensraum für Gräser, Wiesenblumen, Kräuter und Tiere. Werden sie zu oft gemäht und zu viel gedüngt, schadet das den Pflanzen. Sie sterben ab und viele Wiesentiere verlieren ihre Nahrungsquelle.

Gute Lebensbedingungen finden Wiesenpflanzen auch an Straßen-, Weg- und Waldrändern. Allerdings schaden ihnen Autoabgase und Staub. Das überleben nur Pflanzenarten, die nicht empfindlich sind. Viele sind bereits ausgestorben. Seit einigen Jahren bemühen sich Naturschützer um den Erhalt der Wiesen mit ihren unterschiedlichen Pflanzen und Tieren.

2 Beantworte die Fragen zum Text.

Wie entstanden Wiesen?

____

____.

Wie oft sollte eine Wiese gemäht werden?

____

____.

Warum sind Wiesen wichtig?

____

____.

Was schadet den Wiesenpflanzen?

____

____.

Wiesenarten 1

Du weißt schon, dass Wiesen von Menschen gemacht und gepflegt werden.
Die Art der Wiese hängt von der Lage und von der Beschaffenheit des Bodens ab.

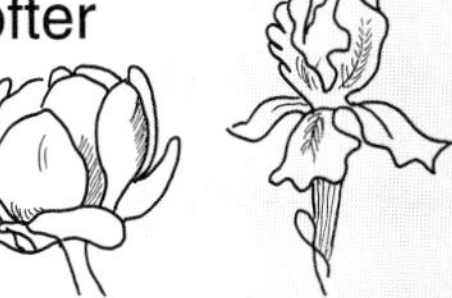

Feuchtwiesen liegen in der Nähe von Flüssen und Seen. Sie werden öfter überschwemmt. Der Boden ist besonders nährstoffreich.
Trollblumen, Schwertlilien, Sauerampfer und Kuckuckslichtnelken lieben solche feuchten Böden.
In den Pfützen der Feuchtwiesen laichen Kröten und Frösche. Auch Ringelnattern leben hier. Störche finden in Feuchtwiesen ein reiches Nahrungsangebot.

Magerwiesen wachsen auf Sandböden, in denen Regenwasser schnell versickert. Der Boden enthält nur wenige Nährstoffe. Seltene Pflanzen wie Orchideen und Silberdisteln wachsen hier. Wildbienen und seltene Schmetterlingsarten finden auf der Magerwiese eine Heimat. Eidechsen und Kreuzottern siedeln sich ebenfalls gern auf Magerwiesen an.

1 **Schreibe in Stichworten die Merkmale der Feucht- und Magerwiese auf.**

Feuchtwiese	Magerwiese
________________	________________
________________	________________
________________	________________
________________	________________
________________	________________

2 **Zeichne hier ein paar Tiere der Feuchtwiese.**

Wiesenarten 2

1 Lies den Text.

Die Artenvielfalt von Tieren und Pflanzen ist auf **Streuobstwiesen** noch größer als auf anderen Wiesen. Hier stehen vereinzelt (verstreut) alte Obstbäume, die unterschiedliche Obstsorten tragen. Die alten Bäume bieten Unterschlupf für Fledermäuse, Siebenschläfer, Steinkauz, Wiedehopf und Spechte. Singvögel bauen ihre Nester zwischen den Zweigen. Käfer legen ihre Eier unter der rissigen Rinde der Bäume ab. Insekten sammeln Pollen und Nektar aus den Blüten.

Leider verschwanden die Streuobstwiesen zum großen Teil aus unseren Landschaften. Oft mussten sie Bauplätzen oder Straßen weichen. Auch verschwanden mit den Streuobstwiesen die alten Obstsorten.

Für Bauern, die vom Verkauf des Obstes leben, sind Streuobstwiesen nicht gewinnbringend. So entstanden Obstplantagen, in denen z. B. Apfelbäume in einem bestimmten Gebiet stehen. In einem anderen stehen Birnbäume, in einem weiteren Gebiet Pflaumenbäume usw. So sind die Bäume leichter zu pflegen und bringen einen größeren Ertrag.

Viele Wiesentiere und Wiesenpflanzen sind dadurch bereits ausgerottet. Heute haben wir erkannt, wie wichtig Streuobstwiesen für die Artenvielfalt von Tieren und Pflanzen sind. Private Menschen und Naturschutzvereine bemühen sich um den Erhalt der Streuobstwiesen.

2 Finde Argumente für (pro) und gegen (contra) Streuobstwiesen.

pro	contra

3 Diskutiert eure Ergebnisse.

„Stockwerke" der Wiese 1

Wie bei einem Haus kann man die Wiese in verschiedene Stockwerke einteilen:

← Blütenschicht

← Krautschicht

← Streuschicht

← Bodenschicht, Wurzelschicht

Keller: Der Boden versorgt die Wurzeln der Pflanzen mit Wasser und Nährstoffen.

Erdgeschoss: Hier wachsen kleinere Pflanzen. Sie mögen es windstill und kühl. Tausendfüßler, Asseln und Käfer können sich hier gut verstecken.

Obergeschoss: Halme und Blätter von höheren Pflanzen wachsen hier.

Dach: Die hohen Pflanzen bilden ihre Blüten aus und locken Insekten an.

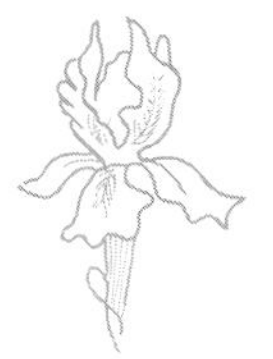

„Stockwerke" der Wiese 2

Schau dir die Stockwerke genau an. Welche Pflanzen und Tiere erkennst du darin?

Trage die Wörter ein.

Käfer | Heuschrecken | Wespen | Mäuse | Brennnesseln | Frösche

Erdhummeln | Raupen | Hahnenfuss | Tausendfüßler | Hornissen

Schnecken | Schafgarbe | Asseln | Blattläuse | Wühlmäuse | Grillen

Blütenschicht:

____

____

____

Krautschicht:

____

____

____

Streuschicht:

____

____

____

Wurzelschicht:

____

____

____

Pflanzen der Wiese 1 (Lexikon)

1 **Finde die Farben der Wiesenpflanzen heraus und male sie an.**

Benutze Bestimmungsbücher oder Kindersuchmaschinen im Internet.

Weißklee

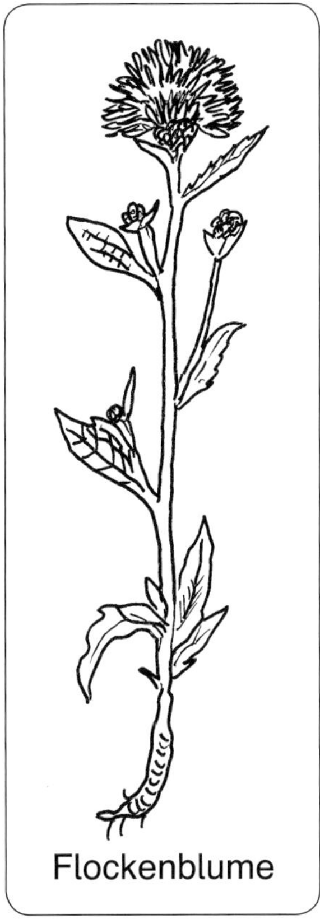

Flockenblume

Löwenzahn

Kamille

Brennnessel

Gänse-
blümchen

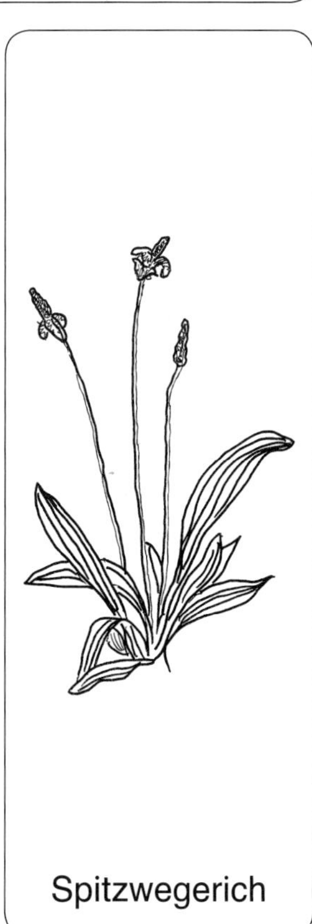

Spitzwegerich

Pflanzen der Wiese 2 (Lexikon)

Schafgarbe

Margerite

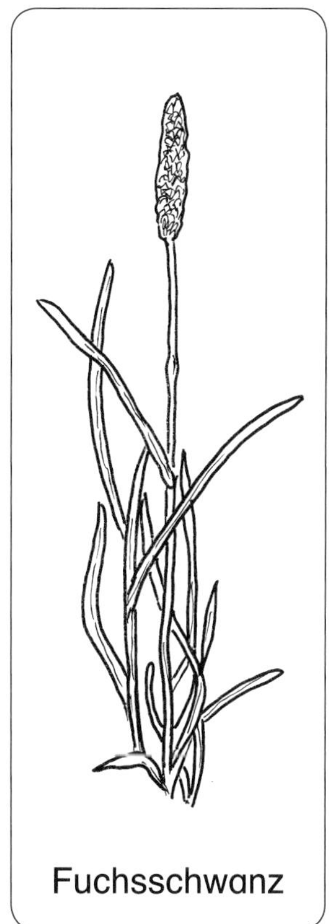

Fuchsschwanz

Hahnenfuß

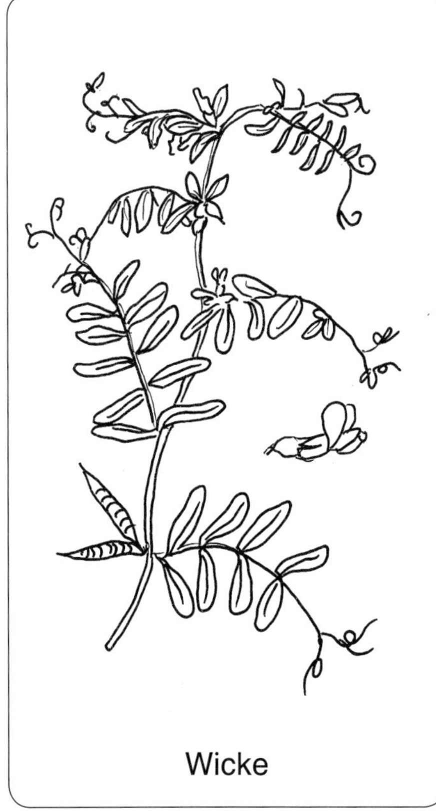

Wicke

Knäuelgras

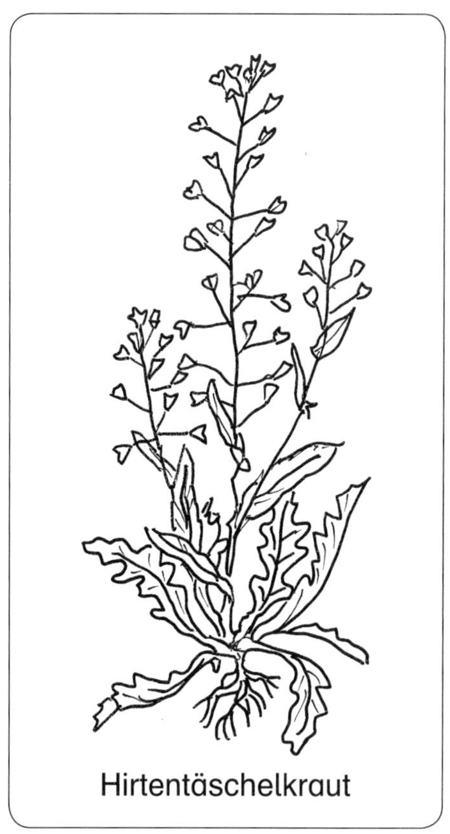

Hirtentäschelkraut

Pflanzen-Safari (Erkundungsbogen)

Mache mit einer kleinen Gruppe einen Ausflug auf eine Wiese. Dies kann auch der eigene Garten sein. Schaut euch Blüten, Stängel und Blätter der Pflanzen genau an.

1 **Welche Pflanzen eures Lexikons habt ihr auf eurer Wiese gefunden?**

2 **Welche Pflanzen kommen auf eurer Wiese besonders häufig vor?**

3 **Hast du noch andere Pflanzen gefunden? Zeichne eine davon.**

4 **Welche Pflanze gefällt dir besonders? Zeichne sie auf.**

5 **Suche die Pflanze im Bestimmungsbuch. Wie heißt sie?**

Erkennst du mich

1 Trage die Antworten in das Rätsel ein.

1. In meinen Blütenstängeln befindet sich eine weiße Milch.
2. Meine Beine kannst du nicht zählen, so viele sind es.
3. Ich verlasse meine Behausung bei Regen.
4. Schmetterlingsraupen lieben meine Blätter.
5. Wir sammeln etwas Süßes für dein Frühstück.
6. Ich habe 14 Beine, lebe unter morschen Baumstämmen und vielleicht auch in deinem Keller.
7. Wir tragen unsere Häuser immer bei uns.
8. Meine Blätter sollen dir Glück bringen.
9. In meinem Namen haben sich Tiere versteckt.
10. Ich fange meine Beute mit einem Netz.
11. Ich lebe mit Tausenden meiner Familie in einem großen Haufen.
12. Ich bin blind und grabe lange Gänge in die Bodenschicht der Wiese.

2 Ordne die Buchstaben in den grauen Kästen.

Lösungswort: H _ _ _ _ _ _ _ C _ _

Kleine Wiesenbewohner (Forscherbogen)

1 **Beobachte kleine Wiesenbewohner.**
Arbeite mit einem Partner.

Ihr braucht:

- 1 Lupe für jeden
- Stift und Papier

So geht es:

- [ ] Sucht ein Stück Wiese.
- [ ] Kniet euch auf die Wiese (ihr könnt euch auch auf den Bauch legen).
- [ ] Sucht mit der Lupe nach Ameisen, Marienkäfern und Käfern.

2 **Beschreibe die Tiere** (Farbe, Haut, Fell, Anzahl der Beine, Flügel, Fühler …)
Zeichne die Tiere.

Ameise

Marienkäfer

Käfer

Kleine Wiesenbewohner (Forscherbogen)

Auf einer Wiese kannst du viele Tiere beobachten. Zu den kleinen Wiesenbewohnern gehören Bienen, Wespen, Schmetterlinge, Kreuzspinnen, Ameisen, Käfer, Regenwürmer, Schnecken, Asseln, Heuschrecken ...

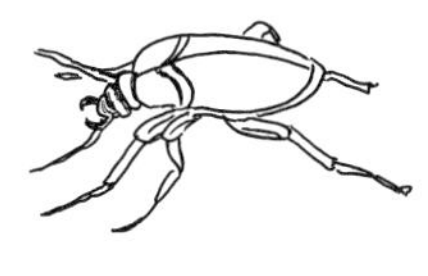

1 Finde kleine Wiesentiere

Arbeite mit einem Partner.

Ihr braucht:

- 1 Lupe für jeden
- Stift und Papier

So geht es:

- ☐ Sucht ein Stück Wiese.
- ☐ Kniet euch auf die Wiese (ihr könnt euch auch auf den Bauch legen).
- ☐ Sucht mit der Lupe nach kleinen Tieren.

Diese Tiere habe ich gesehen:

____

____

____

2 Suche ein Tier aus und beobachte es genauer.

Mein Wiesenbewohner ist ein/eine ______________________________.

So hat sich mein Tier verhalten, während ich es beobachtet habe (Es läuft weg; es verkriecht sich …):

____

____

So sieht mein Tier aus (Flügel, Haut, Fell, Fühler, Anzahl der Beine …):

____

____

Wilde Möhre – beliebt bei vielen Tieren

1 **Lies den Text.**

Die Wilde Möhre ist im Hochsommer die häufigste Blume auf unseren Wiesen und am Wegesrand. Sie wird etwa 60 cm hoch und fällt durch ihre großen weißen Blüten auf. Man darf sie aber nicht mit dem giftigen Bärenklau verwechseln, der bis zu 1,20 m hochwächst. Durch viele Züchtungen entstanden im 18. Jahrhundert aus der Wilden Möhre unsere Mohrrüben (auch Karotten oder Gelbe Rüben genannt).

In der Mitte der kleinen weißen Teilblüten befindet sich eine lila bis schwarze Blüte. Auf vorbeifliegende Insekten wirkt diese dunkle Blüte wie ein Käfer, der schon auf der Blüte sitzt. Viele Tiere ernähren sich von den Teilen der Wilden Möhre.

2 **Zeichne die Tiere in das Bild der Wilden Möhre.**

Ameisen saugen den süßen Saft, den die Blattläuse ausscheiden.

Marienkäfer fressen die Blattläuse.

Blattläuse saugen an den Stängeln den Pflanzensaft.

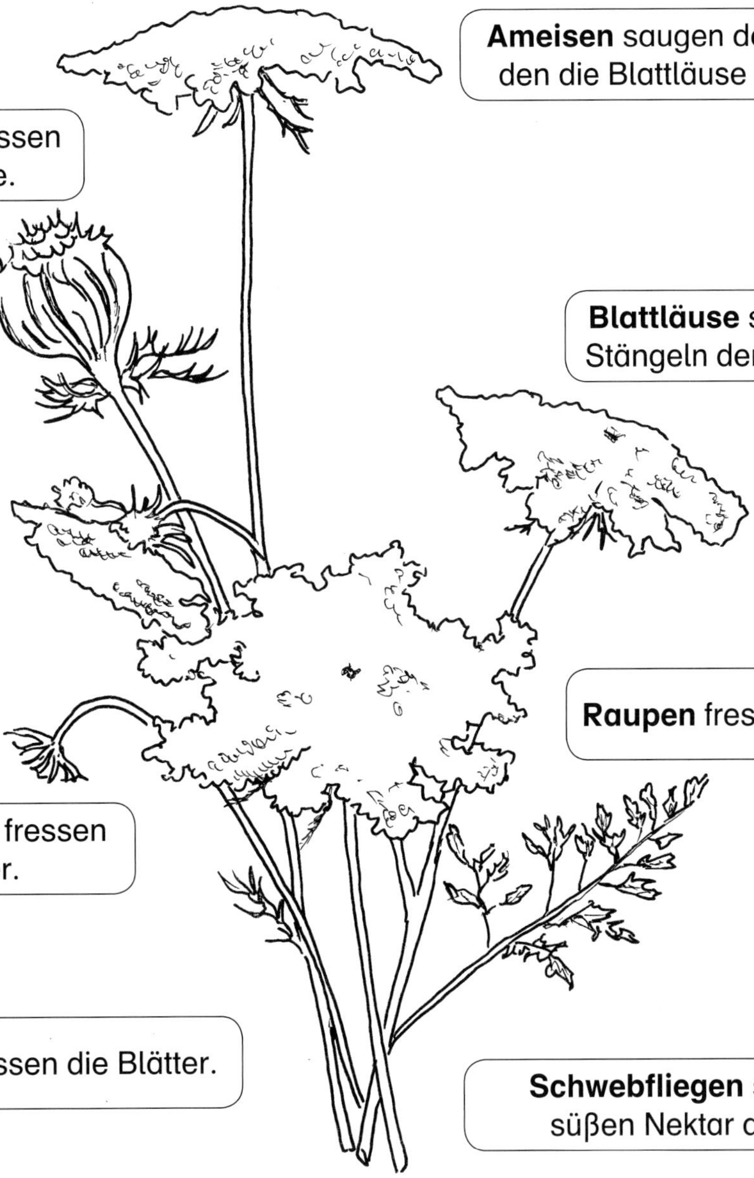

Raupen fressen die Blätter.

Heuschrecken fressen die Blätter.

Schnecken fressen die Blätter.

Schwebfliegen saugen den süßen Nektar der Blüten.

Wilde Möhre – beliebt bei vielen Tieren

1 **Suche die Tiere im Bild und setze die Zahlen vor die Kärtchen.**

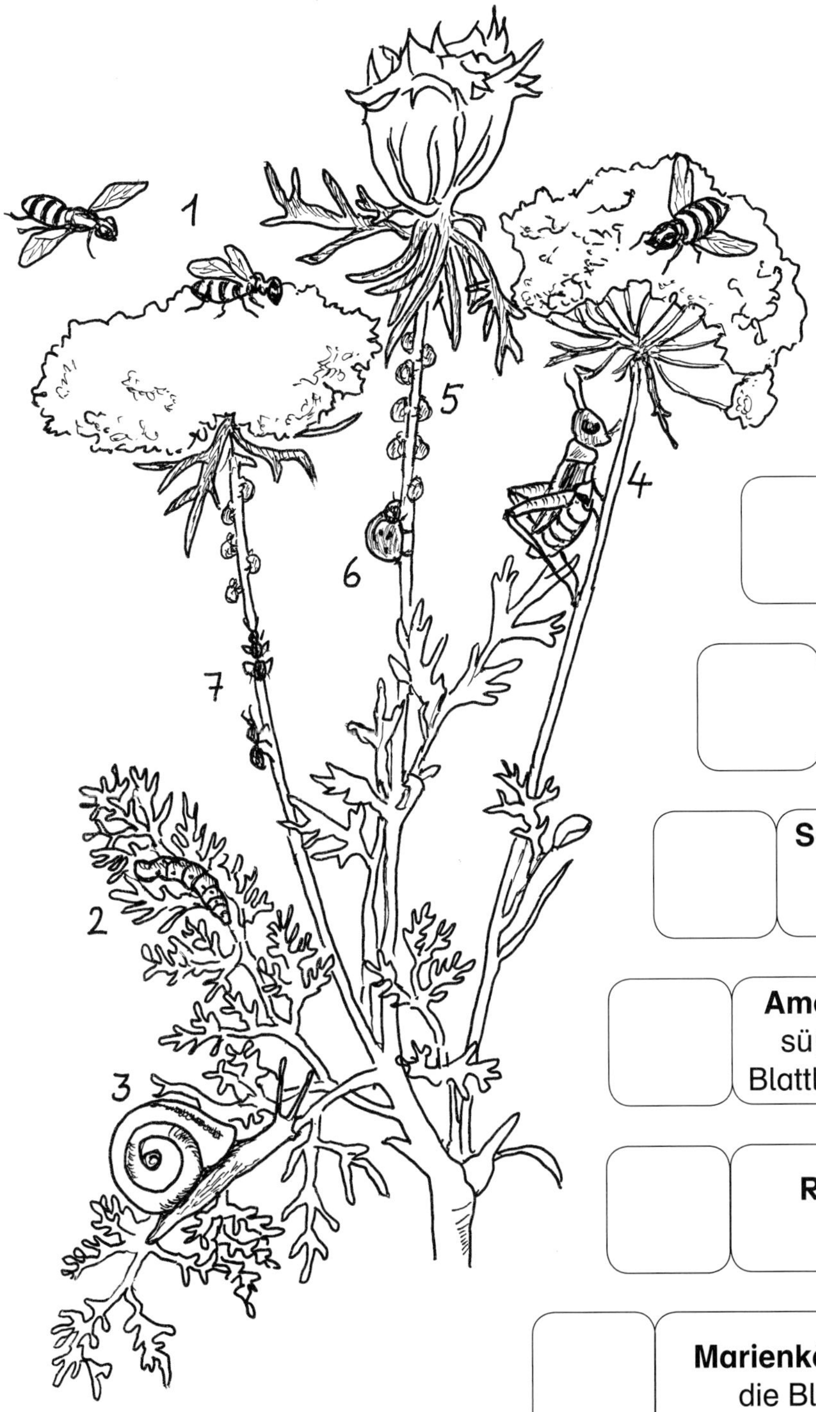

	Blattläuse saugen an den Stängeln den Pflanzensaft.
	Schnecken fressen die Blätter.
	Schwebfliegen saugen den süßen Nektar der Blüten.
	Ameisen saugen den süßen Saft, den die Blattläuse ausscheiden.
	Raupen fressen die Blätter.
	Marienkäfer fressen die Blattläuse.
	Heuschrecken fressen die Blätter.

2 **Male die Tiere an.**

Schmetterlinge sind Verwandlungskünstler

Finde am Beispiel des Tagpfauenauges heraus, wie sich Schmetterlinge entwickeln.

1 Ordne die Bilder und Texte.

1 Das Weibchen des Tagpfauenauges legt im Frühsommer etwa 200 Eier an der Unterseite von Brennnesselblättern ab. Die Eier sind grüngelb und nicht größer als Stecknadelköpfe.

2 Nach ungefähr einer Woche schlüpfen Raupen (auch Larven genannt) aus den Eiern. Die beginnen sofort, die Blätter der Brennnesselpflanze zu fressen.

3 Raupen müssen sich mehrmals häuten, damit sie wachsen können. Beim Häuten verändern die Raupen auch ihre Farbe. Anfangs sind sie grüngelb, später schwarz mit weißen Punkten.

4 Nach fünf Wochen verwandelt sich die Raupe in eine Puppe. Die Puppen des Tagpfauenauges hängen an Seidenfäden von Blättern und Ästen herunter.

5 Nun dauert es noch ungefähr zwei Wochen, bis aus der Puppe ein Schmetterling wird. Die Puppenhülle wird immer dünner und reißt schließlich auf.

6 Die Flügel sind noch zusammengefaltet und feucht. Wenn sie getrocknet sind, kannst du an ihrer Oberseite vier bunte Augen sehen. Sie sollen Fressfeine abschrecken.

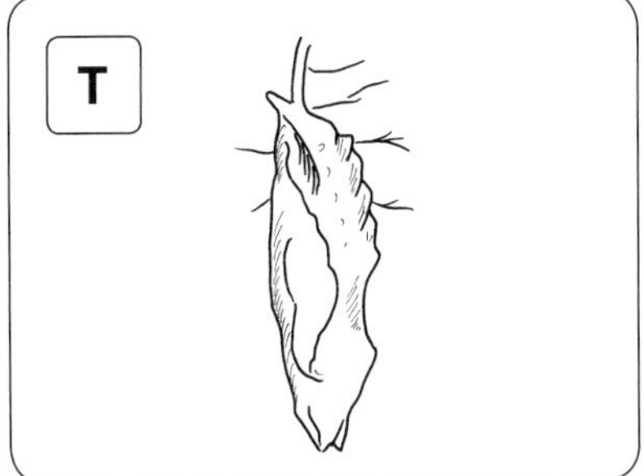

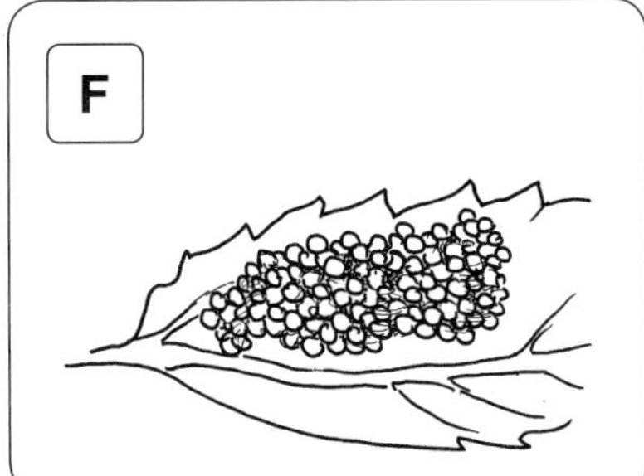

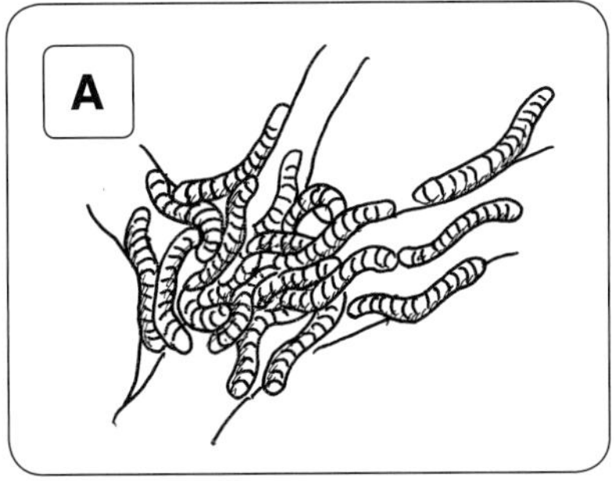

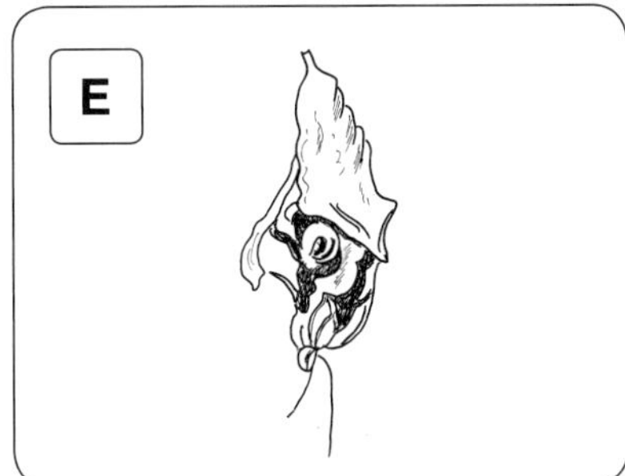

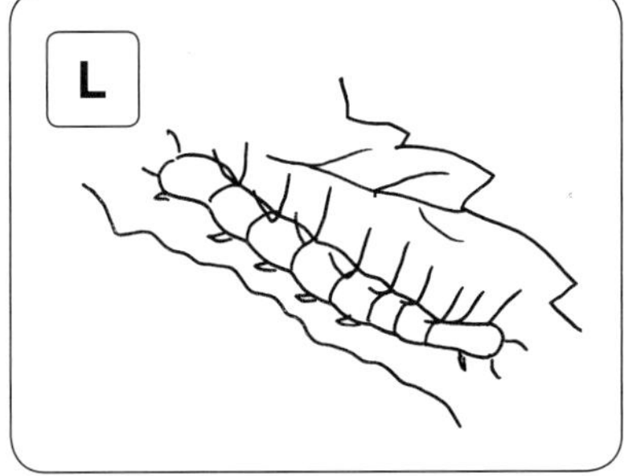

Lösung: Text	1	2	3	4	5	6
Bild	____	____	____	____	____	____

2 Male an.

Schnecken

1 **Lies den Text.**

Es gibt auf der Welt etwa 200.000 Schneckenarten. Sie leben überwiegend im Meer, aber auch an Land. Du findest sie überall, wo es feucht und schattig ist. In Gärten, laubreichen Wäldern, auf Wiesen und an Rändern von Gewässern. Schnecken gehören zu den **Weichtieren**, weil sie keine Knochen haben.

Ihr weicher Körper wird durch eine ledrige, feuchte Haut geschützt. Weil die Sonne ihren Körper austrocknen würde, sind sie hauptsächlich nachts und bei Regenwetter unterwegs. Es gibt Schnecken mit Häuschen (**Gehäuseschnecken**) und auch welche ohne (**Nacktschnecken**). Schnecken bewegen sich auf einer Kriechsohle vorwärts, das ist ein Muskel, der sich wellenförmig zusammenzieht. Wo eine Schnecke gekrochen ist, entdeckst du eine Schleimspur. Dieser Schleim verhindert, dass sich der empfindliche Schneckenkörper auf rauem Untergrund verletzt.

Am Schneckenkopf befinden sich zwei Paar Fühler. Am Ende der längeren Fühler sitzen die Augen. Mit dem kürzeren Fühlerpaar kann die Schnecke riechen und fühlen.

Auf dem Speisezettel der Schnecken stehen Gräser, Blätter und grüner Salat.

Igel, Mäuse, Vögel und Füchse sind die Hauptfeinde der Schnecken.

2 **Beantworte die Fragen zum Text.**

Warum sind Schnecken hauptsächlich nachts unterwegs?

____

____.

Wie funktioniert die Kriechsohle?

____

____.

Womit riechen Schnecken?

____

____.

Warum hinterlassen Schnecken eine Schleimspur?

____

____.

Die Weinbergschnecke

1 **Beschrifte die Schnecke mit den Begriffen** *Gehäuse, Tastfühler, Kriechsohle, Augenfühler, Atemloch.*

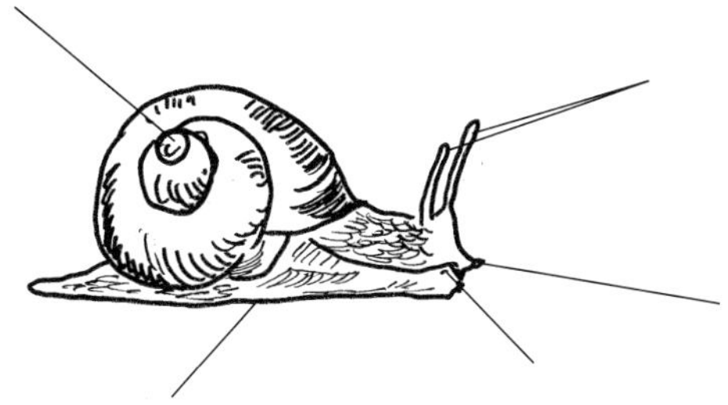

2 **Verbinde die Texte mit den Bildern.**
Nummeriere die Textfelder.

☐ Im Sommer gräbt die Weinbergschnecke mit ihrem Fuß ein 3 bis 4 cm tiefes Loch in den lockeren Boden. Das ist sehr anstrengend und dauert ungefähr einen Tag.

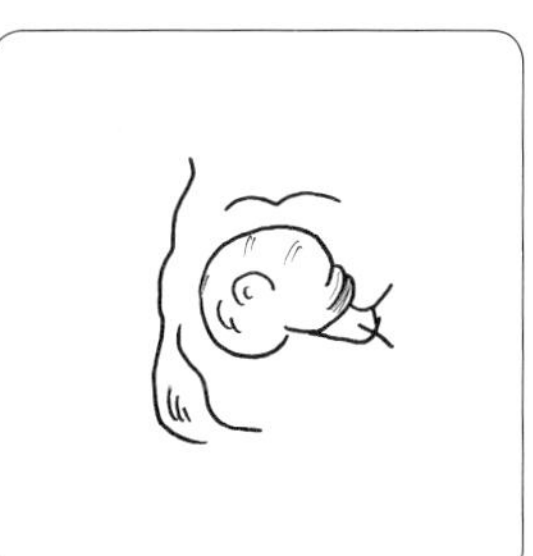

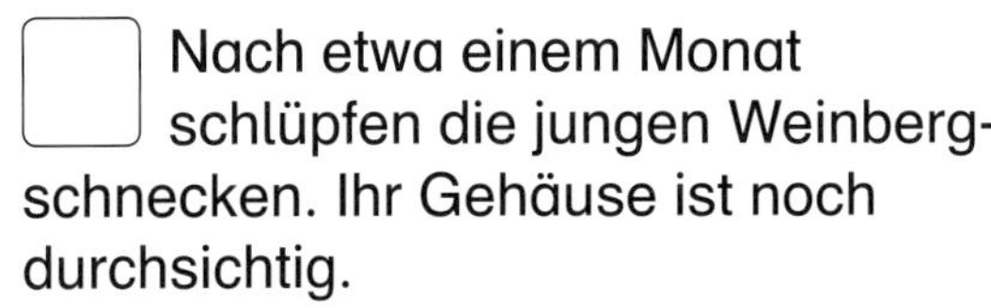

☐ Nach etwa einem Monat schlüpfen die jungen Weinbergschnecken. Ihr Gehäuse ist noch durchsichtig.

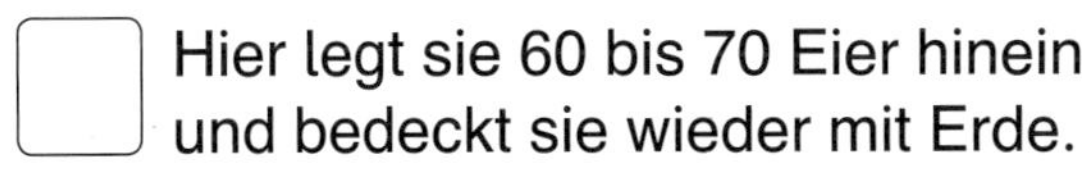

☐ Hier legt sie 60 bis 70 Eier hinein und bedeckt sie wieder mit Erde.

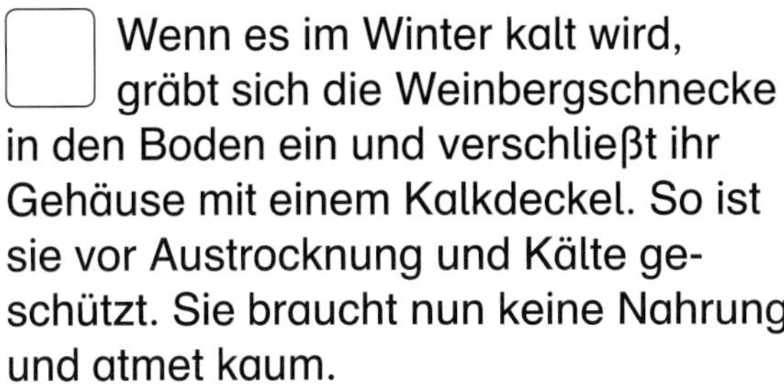

☐ Wenn es im Winter kalt wird, gräbt sich die Weinbergschnecke in den Boden ein und verschließt ihr Gehäuse mit einem Kalkdeckel. So ist sie vor Austrocknung und Kälte geschützt. Sie braucht nun keine Nahrung und atmet kaum.

Nach 3 bis 4 Monaten stößt sie den Deckel wieder auf.

Schnecken beobachten 1 (Gruppenaufgaben)

- Gehe vorsichtig mit der Schnecke um.
- Sorge dafür, dass ihre Haut feucht ist.
- Bringe sie an den Platz im Freien zurück, wo du sie gefunden hast.

!

1 Findet heraus, wie sich Schnecken verhalten.

Wie kriecht eine Schnecke?

1. Setzt die Schnecke auf eine Glasscheibe. Schaut von unten, wie sie kriecht.

Beobachtung: ____________________

____

____________________.

2. Haltet die Glasplatte mit der Schnecke senkrecht.

Beobachtung: ____________________

____

____________________.

Wie verhält sich die Schnecke auf rauem Untergrund?

Setzt die Schnecke nacheinander auf feines, mittleres und raues Schmirgelpapier.

Beobachtung: ____________________

____

____

____________________.

Kann eine Schnecke hören?

Pfeift einmal laut mit einer Trillerpfeife. Bewegt euch dabei nicht.

Beobachtung: ____________________

____________________.

Schnecken beobachten 2 (Gruppenaufgaben)

Kann eine Schnecke sehen und fühlen?

1. Betrachtet die langen Fühler der Schnecke mit einer Lupe.

Beobachtung: ____

____.

2. Beleuchtet die Fühler mit einer Taschenlampe. Bewegt die Lampe hin und her. Knipst sie aus und wieder an.

Beobachtung: ____

____

____.

3. Berührt die Fühler der Schnecke vorsichtig mit dem Finger. Wiederholt es ein paar Mal.

Beobachtung: ____

____

____.

Kann eine Schnecke riechen und schmecken?

1. Zieht mit einer Pipette eine Wasserspur quer zur Kriechrichtung der Schnecke. Wie verhält sie sich?

Beobachtung: ____

____.

2. Legt nun eine Spur mit Zitronensaft.

Beobachtung: ____

____

____

____.

(2) **Diskutiert eure Beobachtungen mit anderen Gruppen.**

Aufgaben der Hecken

Die Lebensräume Wiese und Hecke sind sehr eng miteinander verbunden. Hecken bilden oft einen Übergang von der Wiese zum Wald. In Hecken wachsen Sträucher, Blumen und Bäume. Sie bieten Vögeln und anderen Tieren Brutplätze, Regenschutz, Nahrung und Versteckmöglichkeiten.

Beantworte die Fragen.

Die Blüten der Bäume und Sträucher sind Nahrungsquelle für ...

____

____.

Nenne Tiere, die von den leuchtenden Beeren der Sträucher und Bäume angelockt werden.

____

____.

Im Gestrüpp wachsen meist Brennnesseln. Welcher Schmetterling legt seine Eier hier ab?

____

____.

Nenne fünf Tierarten, die in der Bodenschicht der Hecke leben.

____

____.

Zähle drei Vögel auf, die in der Hecke ihre Nester bauen.

____

____.

Wie kann die Hecke Hasen vor Raubvögeln schützen?

____

____.

Tiere der Hecke

Hecken haben für Tiere unterschiedliche Funktionen:

- Singvögel nutzen Hecken zum Nisten.
- Hecken geben Igel und Hasen Deckung vor Feinden.
- Kröten nutzen Hecken als Überwinterungsquartier.
- Habichte erspähen aus Hecken ihre Beute.

Finde 18 Tiere im Feld.

Suche waagrecht → und senkrecht ↓.

C	G	I	M	K	O	L	P	F	E	S	W	D	B	H
E	L	S	T	E	R	F	L	P	M	P	Ö	P	M	F
Y	B	P	J	Q	M	A	U	S	W	I	E	S	E	L
K	X	I	O	F	P	Ö	S	C	B	N	M	Q	I	X
R	O	T	K	E	H	L	C	H	E	N	K	Ü	S	M
Ö	C	Z	H	L	I	E	N	M	P	E	W	X	E	L
T	U	M	E	D	N	B	R	E	B	H	U	H	N	J
E	C	A	Ü	H	M	U	Q	T	Y	P	X	A	C	H
U	K	U	T	A	R	C	N	T	K	L	Ö	S	W	Q
B	Q	S	S	S	C	H	N	E	C	K	E	E	L	K
X	A	M	S	E	L	F	O	R	Y	Ä	V	L	B	N
Q	W	E	R	G	R	I	L	L	E	F	Z	M	S	P
Z	U	F	A	S	A	N	K	I	G	E	L	A	M	R
G	H	J	K	L	Ö	K	Ä	N	X	R	C	U	V	B
Ü	P	O	I	U	Z	T	R	G	M	N	V	S	F	X

Der Neuntöter (Steckbrief)

Der Name klingt schon etwas gruselig. Doch der Neuntöter ist ein Singvogel. Er ist in ganz Europa heimisch. Bevorzugte Lebensräume sind Wiesen und dornige Hecken. Den Namen erhielt der Neuntöter wegen seines Beuteverhaltens.

Er spießt nämlich seine Beute auf Dornen, Stacheln oder spitzen Zweigen auf, um sie dann später zu verspeisen. Erkennen kann man das Männchen an einem schwarzen Augenstreifen. Kopf und Nacken sind grau, Rücken und Flügel rostrot. Das Weibchen besitzt einen rostroten Kopf und Rücken. Der Schnabel des Neuntöters hat die Form eines Falkenschnabels mit einem sogenannten Falkenzahn.

Neuntöter sind etwa 18 cm groß und wiegen bis zu 38 Gramm. Sie haben eine Lebenserwartung von 3 bis 6 Jahren. Zu den natürlichen Feinden zählen Marder, Füchse, Habichte und Raben.

Neuntöter ernähren sich von Insekten vor allem von Käfern, Heuschrecken und Grillen. Manchmal fressen sie auch junge Mäuse und kleine Vögel. Reife Beeren sind ebenfalls auf ihrem Speisezettel zu finden.

Der Neuntöter baut sein Nest im dichten Dornengestrüpp. Ab Mai legt das Weibchen bis zu sieben Eier und bebrütet sie etwa 14 Tage. Das Männchen versorgt es in dieser Zeit mit Nahrung. Nach ungefähr 40 Tagen können die Jungen fliegen und verlassen das Nest.

Ab August ziehen die Neuntöter nach Afrika, wo sie den Winter verbringen.

Schreibe den Steckbrief des Neuntöters.

Name: ______________________

Größe: ______________________

Gewicht: ______________________

Alter: ______________________

Aussehen Männchen: ______________________

Aussehen Weibchen: ______________________

Besonderheit: ______________________

Brutzeit: ______________________

Nahrung: ______________________

Lebensraum: ______________________

Feinde: ______________________

Überwinterung: ______________________

Das weiß ich jetzt über den Lebensraum Wiese und Hecke

Setze die fehlenden Wörter ein.

zwei | Neuntöter | Menschen | Tagpfauenauge | Weichtiere | Vögel
Streuobstwiesen | Maulwurf | Pflanzen | Schmetterlingen

1. Eier, Raupen, Puppen, Falter sind Stationen in der Entwicklung von

   ____.

2. Schnecken sind ____.

3. Wir unterscheiden Feuchtwiesen, Magerwiesen und

   ____.

4. Der ____________________ spießt seine Beute auf Dornen und spitzen Zweigen auf.

5. In die Bodenschicht der Wiese gräbt der blinde ____________________ lange Gänge.

6. Schnecken haben ____________________ Paar Fühler.

7. Das ____________________ legt seine Eier auf Brennnesselpflanzen ab.

8. Wiesen werden von ____________________ gemacht und gepflegt.

9. Weißklee und Schafgabe sind ____________________ der Wiese.

10. In Hecken locken Büsche mit leuchtenden Beeren die ____________________ an.

Entdeckungen an Teich und See 1

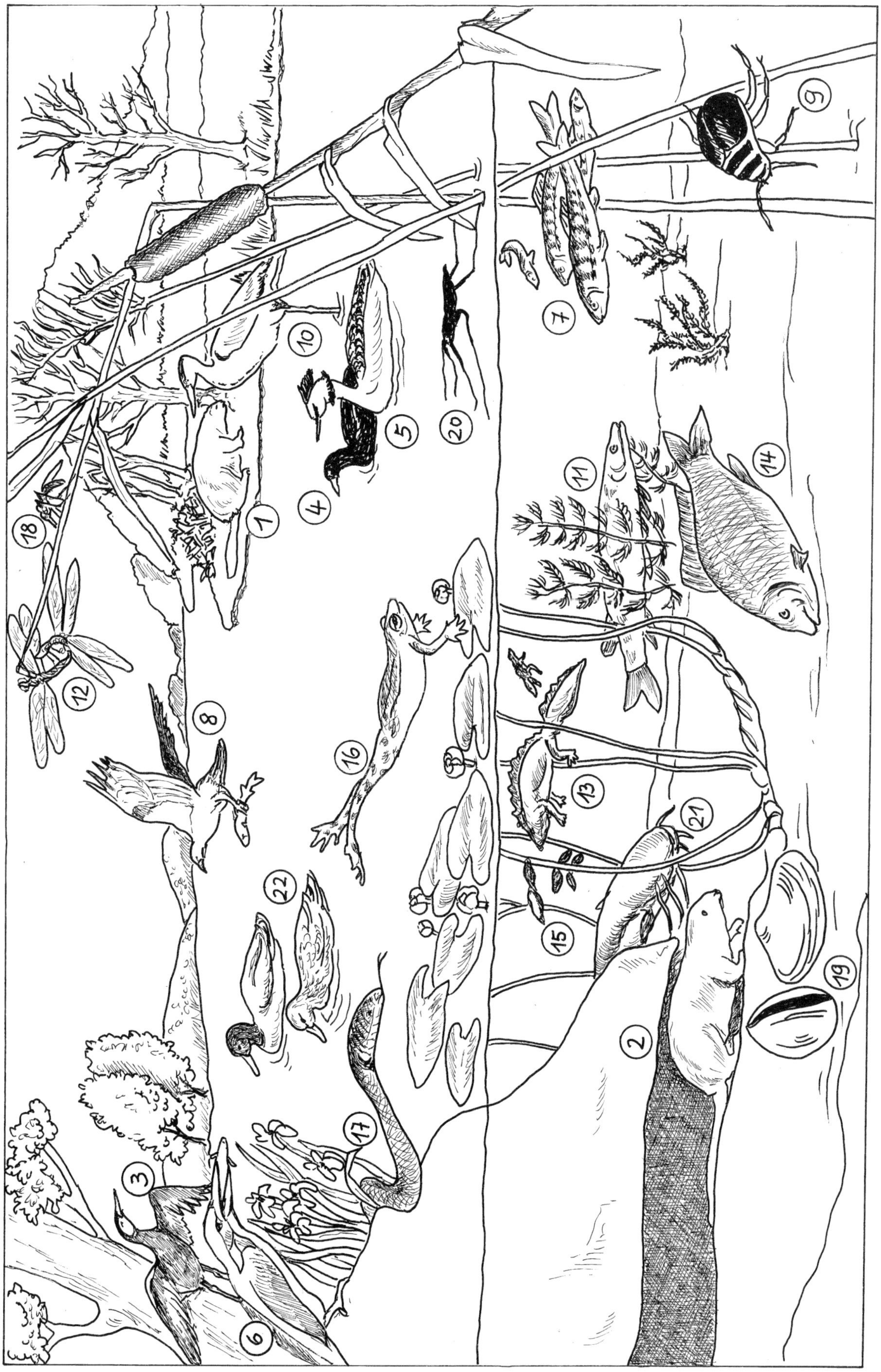

Entdeckungen an Teich und See 2

1 Finde die Tiere im Bild und trage die Zahlen hier ein.

________	Haubentaucher	________	Gelbrandkäfer
________	Biber	________	Teichmolch
________	Wasserläufer	________	Rohrkolben
________	Kormoran	________	Libelle
________	Wasserfrosch	________	Ringelnatter
________	Bisamratte	________	Sumpf-Schwertlilie
________	Karpfen	________	Wels
________	Schilf	________	Blesshuhn
________	Hecht	________	Kaulquappen
________	Stechmücke	________	Gelbe Teichrosen
________	Eisvogel	________	Graureiher
________	Teichmuscheln	________	Elritzen
________	Weiden	________	Fischadler
________	Stockenten		

2 Welche Tiere leben auf dem See oder in seiner Nähe?

____

____

____.

3 Welche Tiere leben im See?

____

____

____.

4 Male die Tiere und Pflanzen an. Bestimmungsbücher und Internet können dir helfen.

Tiergruppen

Tiere können wir in verschiedene Gruppen einteilen:

Insekten haben sechs Beine und entweder zwei oder vier Flügel. Ihr Körper besteht aus Kopf, Brust und Hinterleib. Insekten legen Eier.

Weichtiere haben keine Knochen. Die Haut ist feucht. Manche schützen sich mit einer Kalkschale und bewegen sich mit einem Kriechfuß fort.

Vögel legen ihre Eier meistens in Nestern ab. Sie haben Federn und einen Schnabel. Aber nicht alle Vögel können fliegen.

Amphibien leben an Land und im Wasser. Sie haben eine feuchte, glatte Haut und atmen mit Lungen. Ihre Eier legen sie im Wasser ab.

Säugetiere tragen ein Fell. Sie bringen lebende Junge zur Welt, die sie säugen.

Fische haben Flossen und meistens eine schuppige Haut. Sie atmen durch Kiemen und legen Eier.

Der Teichmolch 1

1 Lies den Text.

Teichmolche gehören zu den Amphibien, weil sie sowohl im Wasser und auch an Land leben können. Den Sommer verbringen die Molche in Tümpeln und Teichen. Im Wasser fressen sie Larven und Eier von Libellen, Mücken und Wasserschnecken, auch von anderen Amphibien. An Land ernähren sie sich von Spinnen, Asseln und Insekten.

Ab März laichen die Teichmolche in einem Laichgewässer. Die Männchen setzen Samen am Boden des Gewässers ab. Dort werden die Samen von den Weibchen aufgenommen. Wenige Tage später legen sie 100 bis 200 befruchtete Eier an Wasserpflanzen ab.

Im Herbst verlassen die erwachsenen Tiere das Gewässer und suchen feuchte Verstecke auf. Teichmolche sind wechselwarme Tiere. Ihre Körper nehmen die Temperatur der Umgebung an. Wenn es kalt ist, werden sie steif, wenn es warm ist, werden sie aktiv.

Sind die Larven geschlüpft, kleben sie mit Haftorganen an Wasserpflanzen. Jetzt sind bereits die Vorderbeine zu erkennen. Zu den Fressfeinden der Larven gehören größere Wasserkäfer, Wanzen, ausgewachsene Molche und Fische.

Einige Tage später schwimmen die Larven frei und ernähren sich von kleinsten Wassertierchen. Gegen Ende der Larvenzeit sind die Hinterbeine ebenfalls ausgebildet. Nach 6 bis 12 Wochen beginnt die Umwandlung vom Wasser- zum Landtier. Die Kiemen verschwinden und die jungen Teichmolche verlassen das Wasser. Laufkäfer und Vögel haben junge Teichmolche zum Fressen gern. Feinde der erwachsenen Molche sind Ringelnattern, Möwen, Stockenten und Weißstörche. Sogar Spitzmäuse, Igel, einige Säugetiere wie Spitzmäuse, Igel und Ratten haben Teichmolche auf ihrem Speisezettel.

Keimling im Ei

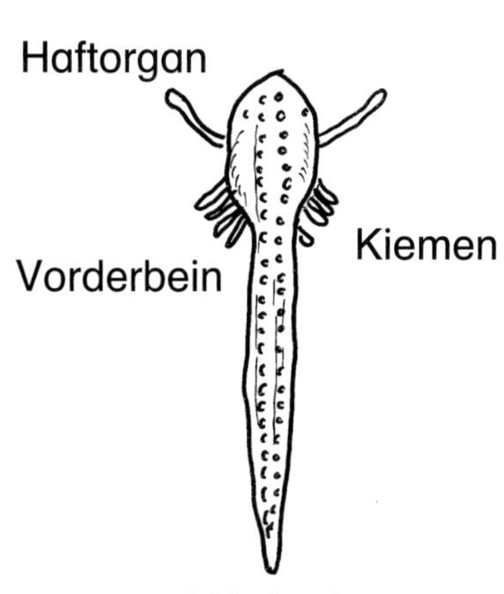

geschlüpfte Larve

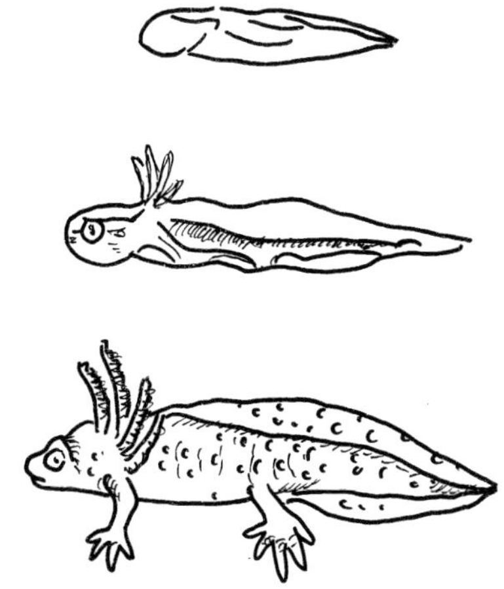

Der Teichmolch 2

2 **Schreibe den Steckbrief zum Teichmolch.**

Name: ____________________

Tiergruppe: ____________________

Länge: ____________________

Lebenserwartung: ____________________

Lebensraum des erwachsenen Tieres

Frühling/Sommer: ____________________

Herbst/Winter: ____________________

____

Nahrung der Larve: ____________________

____

Nahrung des Teichmolchs: ____________________

____

Feinde der Larven: ____________________

____

Feinde des Teichmolchs: ____________________

____

3 **Denke dir drei Fragen zum Text aus und lasse sie von einem anderen Schüler beantworten.**

1. ____________________

____________________?

2. ____________________

____________________?

3. ____________________

____________________?

Pflanzenzonen an Teich und See 1

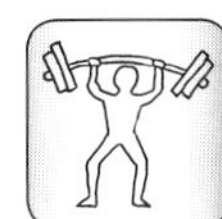

Die Pflanzen an Teich und See werden in verschiedene Gruppen eingeteilt:

1. **Sumpfpflanzen** wachsen ganz nah am Wasser. Hier ist der Boden immer feucht.
2. **Schwimmblattpflanzen** stehen mit den Wurzeln im Boden des Gewässers. Sie wachsen so hoch, dass ihre oberen Blätter auf dem Wasser schwimmen. Ihre Blüten befinden sich über der Wasseroberfläche.
3. **Schwimmpflanzen** senken ihre Wurzeln zwar ins Wasser, aber sie reichen nicht bis zum Grund des Gewässers.
4. **Tauchblattpflanzen** wachsen vollständig im tiefen Wasser. Ihre Wurzeln stecken im Boden, die Blätter erreichen die Wasseroberfläche nicht.

1 **Im Bild kannst du erkennen, welche Pflanze zu den verschiedenen Pflanzengruppen gehört.**
Ziehe Pfeile von der Bezeichnung zu den einzelnen Pflanzen.

Sumpfpflanzen

Schwimmpflanzen

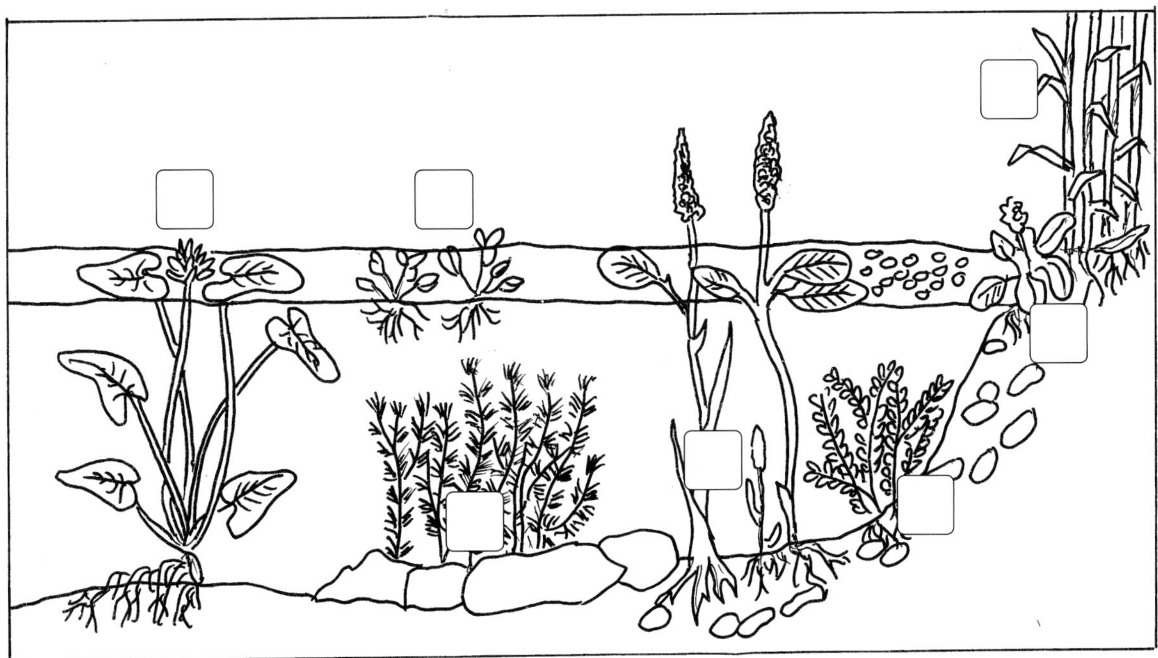

Schwimmblattpflanzen

Tauchblattpflanzen

Pflanzenzonen an Teich und See 2

2 **Lies die Texte. Findest du die Pflanzen im Bild der letzten Seite wieder? Trage dort die entsprechende Zahl ein.**

6

Sumpf-Dotterblume

Mein Name verrät dir meinen Standort. Meine Wurzeln stehen da, wo es immer feucht ist. Ich kann 20 bis 40 cm groß werden. Von März bis Juni trage ich leuchtend gelbe Blüten.

4

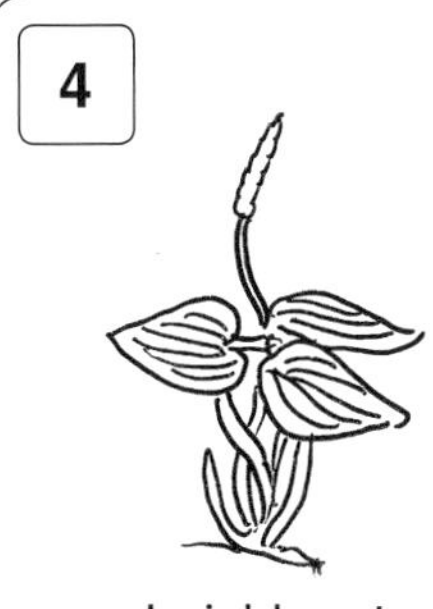

Laichkraut

Meine Blätter würden unter Wasser sterben, deshalb lasse ich sie hoch wachsen und auf der Wasseroberfläche schwimmen. Meine Stängel reichen bis auf den Grund.

2

Teichrose Seerose

Die Wurzeln dieser beiden Pflanzen sind am Grund des Gewässers fest verankert. Ihre Blätter schwimmen an langen Stielen auf der Wasseroberfläche. Die Blüten der Teichrose sind nur etwa 4 cm groß und gelb. Die Seerose hat weiße Blüten die über 15 cm groß sein können.

5

Wasserlinse

Ich schwimme mit ganz vielen meiner Brüder auf dem Wasser. Meine winzigen Wurzeln bewegen sich frei und erreichen nicht den Grund. Fische und Enten fressen mich gern. Deshalb nennen mich die Leute auch „Entenflott" oder „Entengrütze".

1

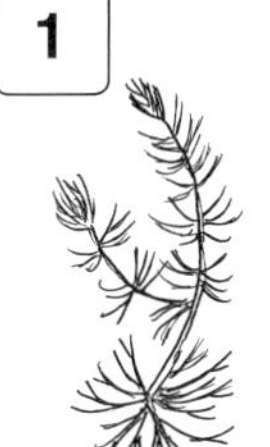

Hornblatt

Ich sehe ähnlich aus, wie die Wasserpest und wachse auch unter Wasser. Meine Blätter sind schmal und sehen schon bald wie Tannennadeln aus.

7

Schilf

Ich wachse im flachen Wasser oder ganz nah am Ufer. Meine weit verzweigten Wurzeln tragen dazu bei, mich am Ufer zu befestigen. Meine Halme werden bis zu 3 m hoch. Sie sind sehr biegsam und knicken auch bei starkem Wind nicht ab.

3

Wasserpest

Ich wachse in tieferen Gewässern vollständig unter Wasser und brauche nur wenig Licht. Ich sorge dafür, dass im Wasser genügend Sauerstoff vorhanden ist. Meine Stängel sind sehr biegsam. In meinem dichten Blattwerk können sich Fische und andere kleine Lebewesen verstecken.

Das weiß ich jetzt über den Lebensraum Teich und See

Richtig (r) oder falsch (f)? Kreise ein.

	r	f
1. Alle Vögel können fliegen.	N	E
2. Teichmolche sind Reptilien.	F	I
3. Seerosen kannst du nicht zu einem Blumenstrauß binden.	S	P
4. Schilf und Rohrkolben wachsen auf trockenen Wiesen.	B	V
5. Insekten haben vier Beine.	L	O
6. Aus Wasserlinsen kann man keine Suppe kochen.	G	U
7. Teichmolche gebären lebende Junge.	A	E
8. Welse und Elritzen sind Fische.	L	K

Lösung: ______ ______ ______ ______ ______ ______ ______ ______

1 2 3 4 5 6 7 8

Wir ernähren uns hauptsächlich von kleinen Fischen.
Wenn in harten Wintern Seen und Teiche zufrieren, verhungern die meisten von uns.

Wir sind vom Aussterben bedroht.

Was ist ein Watt?

1 **Lies den Text.**

Das **Watt** ist ein besonders flacher Küstenstreifen z. B. an der Nordsee. Bei **Ebbe** liegen große Flächen des Meeresbodens trocken. Bei **Flut** liegen sie unter Wasser. Diese Flächen nennt man Watt. Das Watt wird von Rinnen durchzogen, die **Priele** heißen. In den Prielen läuft das Wasser bei Ebbe ab und bei Flut wieder auf. Der immer wiederkehrende Wechsel von Ebbe und Flut, stellt ganz besondere Bedingungen an den Körperbau und die Lebensweise von Tieren und Pflanzen.

Das Wattenmeer besteht aus verschiedenen Lebensräumen: Wattboden, Salzwiesen, Dünen, Deiche, Priele, Inseln und Sandbänke.

Den Übergang vom Watt zum Land bilden die Salzwiesen, die bei höheren Fluten überschwemmt werden. Pflanzen, die hier wachsen, haben sich dem salzigen Wasser angepasst.

Obwohl das Watt bei Ebbe einen ziemlich trostlosen Eindruck bietet, ist es doch voller Leben. Im Watt wachsen meist kleine Pflanzen wie Kieselalgen, Seegras und Planktonarten (Kleinstlebewesen). Hier leben Millionen von Krebsen, Muscheln, Schnecken und Würmern. Diese kleinen Lebewesen sind wichtige Nahrung für Fische und für Zug- und Brutvögel.

Hunderttausende Vogelpaare brüten im Wattenmeer. Zehn bis zwölf Millionen Zugvögel rasten hier. Im Watt füllen sie ihre Fettreserven auf und tanken Kraft für die weite Flugstrecke in ihre Winterquartiere oder zu ihren Brutplätzen.

Sogar Seehunde, Kegelrobben und Schweinswale sind im Wattenmeer heimisch.

2 **Beantworte die Fragen.**

Was ist ein Watt?

____

____.

Welche Lebensräume gehören zum Wattenmeer?

____

____.

Welche Säugetiere leben im Wattenmeer?

____

____.

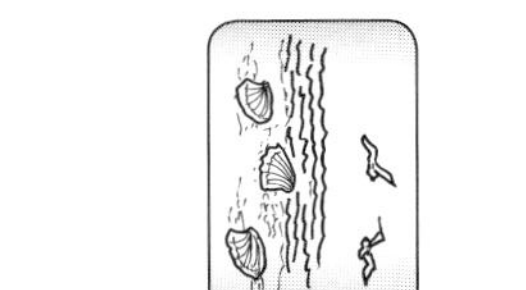

Lebensräume im Wattenmeer

In welchem Teil des Wattenmeeres könnte man die Tiere und Pflanzen finden? Verbinde die Bilder mit den Punkten.

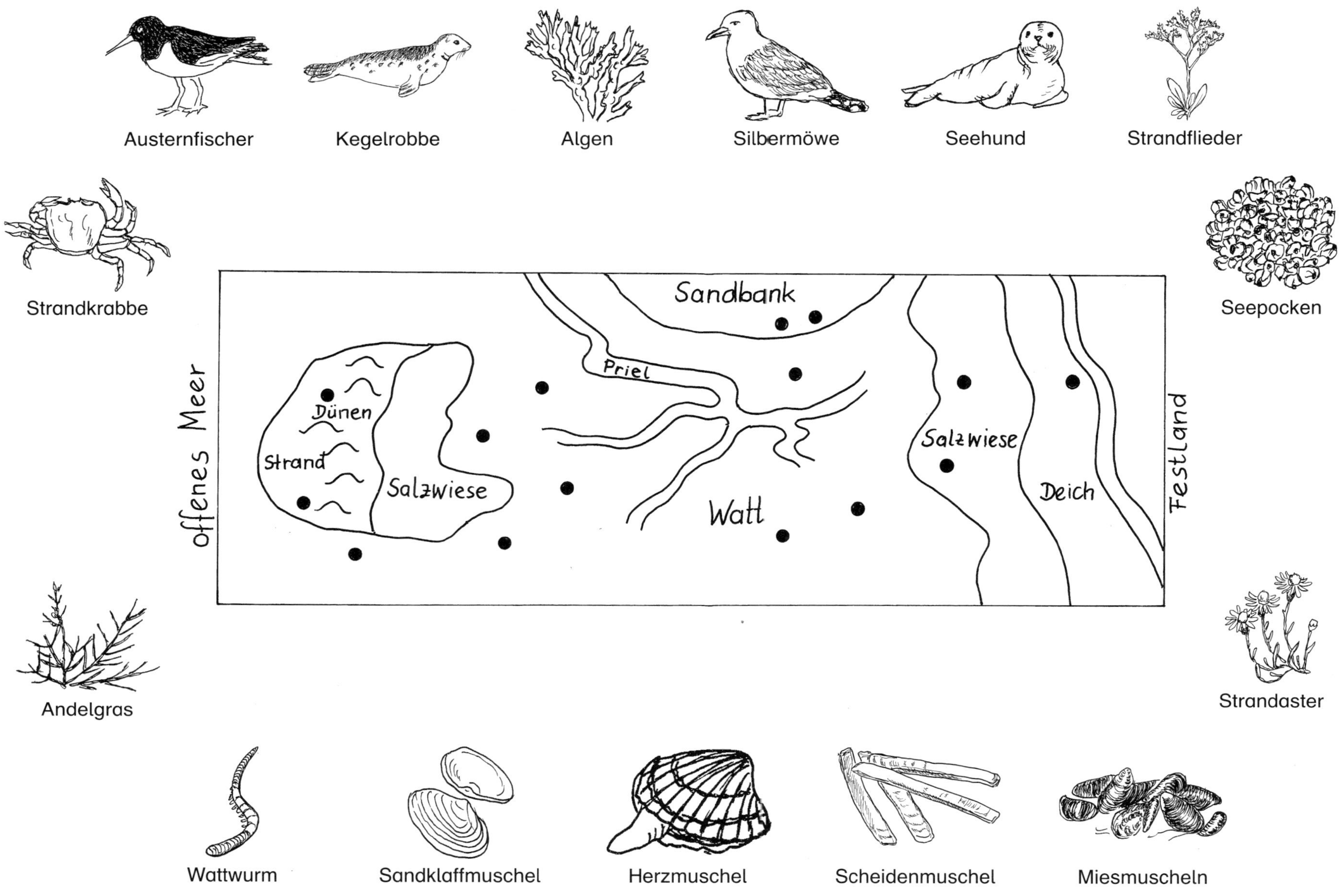

Austernfischer

Kegelrobbe

Algen

Silbermöwe

Seehund

Strandflieder

Strandkrabbe

Seepocken

offenes Meer

Dünen

Strand

Salzwiese

Priel

Sandbank

Watt

Salzwiese

Deich

Festland

Andelgras

Strandaster

Wattwurm

Sandklaffmuschel

Herzmuschel

Scheidenmuschel

Miesmuscheln

Seltsame Spuren

Jawohl, das sind Kothäufchen eines wichtigen Wattbewohners. Unter jedem Häufchen befindet sich ein **Wattwurm** (auch Priel- oder Sandwurm genannt).

Sein lateinischer Name ist *Arenicola marina*, was nichts anderes als „Sandbewohner“ heißt.

Er sieht aus wie ein dicker Regenwurm mit einem dünneren Schwanzende.

1 **Verbinde.**

rote Kiemenbüschel

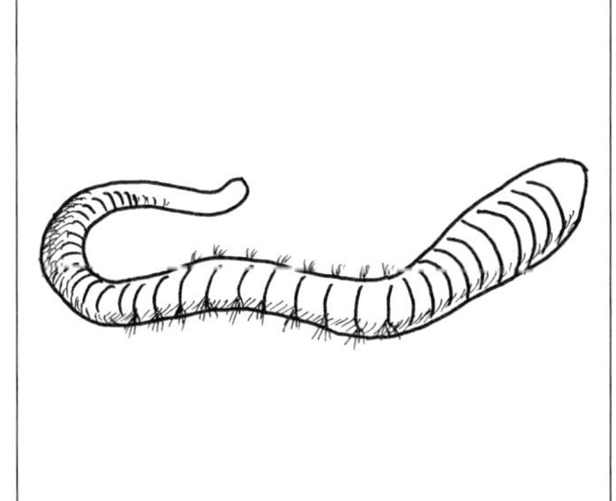

Kopf mit Rüssel, den der Wurm ausstülpen kann

dünnes Schwanzende

Der Wattwurm lebt in einer U-förmigen Röhre etwa 20 cm tief im Wattboden. Damit die Wohnröhren nicht einstürzen, verklebt er sie von innen mit einer schleimigen Masse.

Kothäufchen

Atemloch

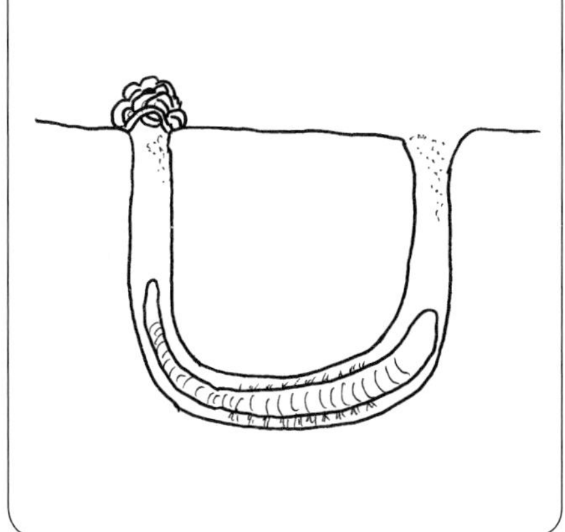

Wattwurm

Der Wattwurm

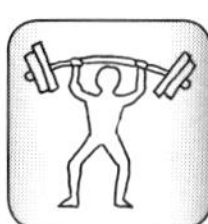

1 Lies den Text.

Ein Wattwurm ist ungefähr so dick wie ein Finger. Er wird etwa 20 cm lang und kann ein Alter von 6 Jahren erreichen. Das Tier hat eine rotbraune bis schwarze Färbung.

Im waagrechten Teil seiner Behausung bewegt sich der Wattwurm unentwegt wellenartig vorwärts. Dadurch kann immer genügend Wasser durch die Röhre fließen. Mit den Kiemenbüscheln nimmt der Wurm den Sauerstoff auf.

Am Kopfende der U-förmigen Röhre befindet sich ein Atemloch, das wie ein Trichter aussieht. Hier rutschen bei Flut Wasser und Sand in die Röhre. Der Wattwurm nimmt den Sand mit seinem Rüssel auf. Er verdaut die winzig kleinen Schwebstoffe, die darin enthalten sind. Der Wurm reinigt also den Sand. Alle 40 bis 45 Minuten steigt er rückwärts durch die Röhre hoch und stößt die unverdaulichen Teile aus. Sie bilden an der Wattoberfläche kleine Häufchen aus gereinigtem Sand.

Im Watt der Nordsee leben unendlich viele Wattwürmer. Sie alle zusammen fressen in einem Jahr den gesamten Sand des Watts bis zu einer Tiefe von 20 cm auf und scheiden ihn wieder aus. Wattwürmer sind wichtig für die Durchlüftung des Bodens, weil sie ständig Atemluft durch ihre Wohnröhre pumpen.

Natürlich hat der Wattwurm auch Fressfeinde. Dies sind Vögel, die im Watt leben, wie z. B. der Austernfischer. Aber Wattwürmer schützen sich mit einem Trick: Wenn sie von einem Vogel am Schwanzende gepackt werden, stoßen sie Teile des Schwanzes ab und verschwinden in ihrer Behausung. Vögel erbeuten deshalb selten einen ganzen Wattwurm.

2 Richtig (r) oder falsch (f)? Kreuze an.

	r	f
1. Im Watt leben nur wenige Wattwürmer.	S	W
2. Wattwürmer atmen mit Kiemenbüscheln.	A	N
3. Austernfischer haben Wattwürmer zum Fressen gern.	T	Ü
4. Wattwürmer kriechen über den Wattboden.	R	T
5. Wattwürmer durchlüften den Wattboden.	W	A
6. Wattwürmer werden einen halben Meter lang.	B	U
7. *Arenicola marina* bedeutet „Strandbewohner“.	K	R
8. Wattwürmer bewohnen U-förmige Röhren.	M	E

Lösung: ____ ____ ____ ____ ____ ____ ____ ____

Seehunde 1

1 Setze die fehlenden Wörter ein.

Heuler | Säugetiere | Beine | jagen | Flut | Körper | tauchen | Land | Sandbänken | Kälte

Seehunde sind ____________________. Sie haben einen langgestreckten ____________________ und einen runden Kopf mit großen dunklen Augen. Die ________________ sehen aus wie Schwimmflossen. An ______________ bewegen sich Seehunde plump und unbeholfen. Im Wasser sind Seehunde schnell und wendig. Sie können 20 Minuten lang ____________. Die Tiere ernähren sich am liebsten von Plattfischen (Schollen). Sie werden bis zu 1,80 m lang und wiegen mehr als 150 kg.

Im Wattenmeer haben sie keine natürlichen Feinde, deshalb werden sie 30 bis 40 Jahre alt.

Von Mai bis September sammeln sich die Seehunde zu Tausenden auf den ____________________ des Wattenmeeres. Hier gebären sie die Jungen bei Ebbe. Schon bei der nächsten ____________ gehen die Jungtiere mit ihren Müttern ins Wasser. Die Jungen werden nur 4 bis 6 Wochen lang gesäugt. In dieser kurzen Zeit müssen sie sich ein Fettpolster zulegen, das sie vor ____________________ schützt. Schon während der Säugezeit lernen die Jungen zu ______________.

Wenn ein junger Seehund von seiner Mutter getrennt wird, stößt er heulende Klagelaute aus, um mit ihr im Kontakt zu bleiben. Deshalb nennt man die Jungtiere auch ____________________.

Seehunde 2

2 Schreibe einen Steckbrief für Seehunde.

Seehunde

Größe: ______________________________

Gewicht: ______________________________

Aussehen: ______________________________

____

____

Lebenserwartung: ______________________________

Lebensraum: ______________________________

Nahrung: ______________________________

Verhalten an Land: ______________________________

____

Verhalten im Wasser: ______________________________

____

Säugezeit: ______________________________

Besonderheiten: ______________________________

____

____

____

Tiere im Wattenmeer (Projekt)

In und rund um das Wattenmeer leben viele Tiere.

1 **Sucht euch ein Tier aus, über das ihr mehr erfahren wollt.**

Arbeite mit einem Partner zusammen.
Sucht in Tierbüchern, Lexika und Internet nach Informationen und Bildern.
Schreibt zu jedem Tier einen kurzen Text und einen Steckbrief mit:

- Name
- Größe
- Lebenserwartung
- Aussehen
- Nahrung
- Besonderheiten

Bei den Vögeln noch

- Rastvogel oder Zugvogel?
- Brutgebiet
- Winterquartier

2 **Gestaltet Plakate mit Bildern, Texten und Steckbriefen.**

3 **Präsentiert eure Ergebnisse vor der Klasse.**

4 **Hängt die Plakate im Klassenzimmer, im Flur oder in der Aula aus.**
Ihr könnt auch andere Klassen einladen und euer Projekt präsentieren.

5 **Findet gemeinsam Argumente dafür, dass das Wattenmeer geschützt werden muss.**

6 **Welche Gefahren bedrohen das Wattenmeer?**
Schreibt eure Ergebnisse auf die Plakate.

Tiere im Wattenmeer (Projekt)

1 Vögel

Austernfischer

Flussseeschwalbe

Silbermöwe

Säbelschnäbler

Ringelgans

Brandgans

Eiderente

2 Krebse, Muscheln, Würmer

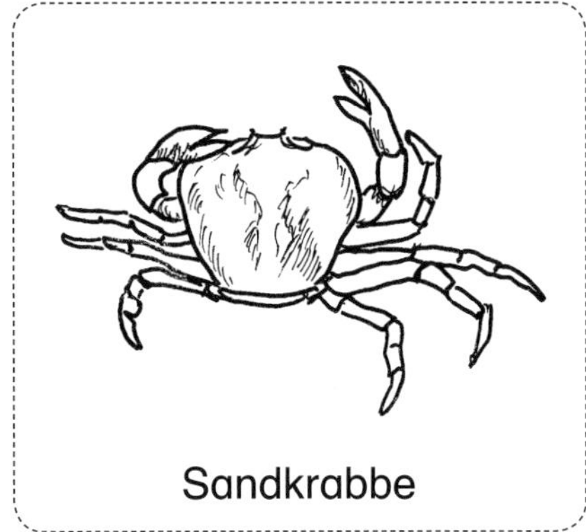

Sandkrabbe

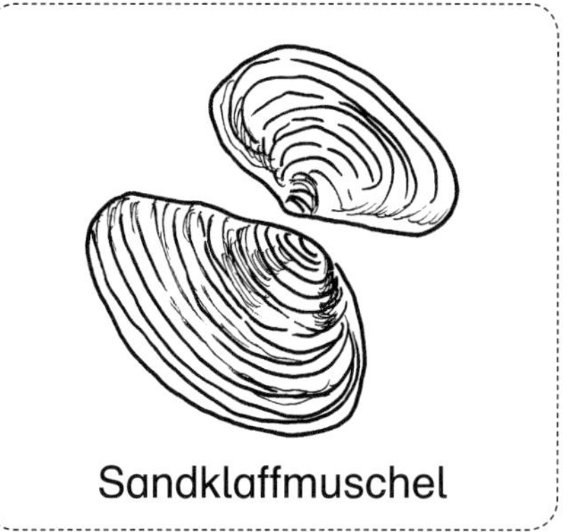

Sandklaffmuschel

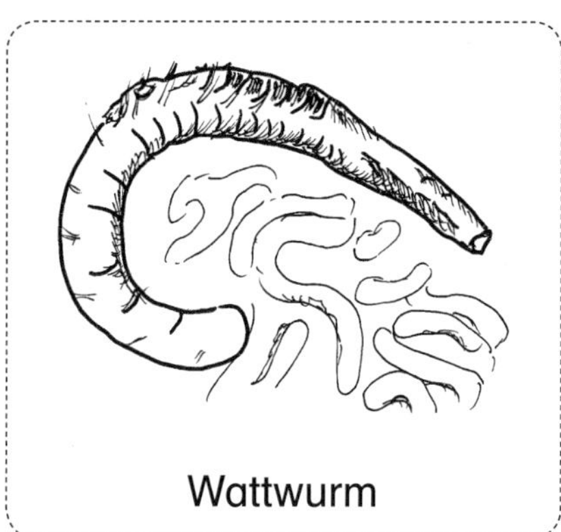

Wattwurm

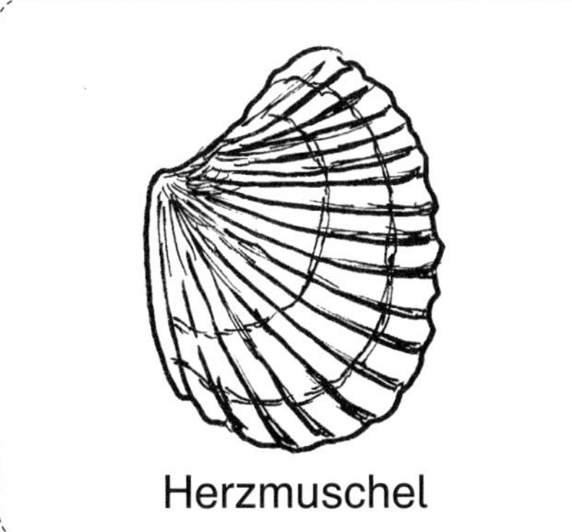
Herzmuschel

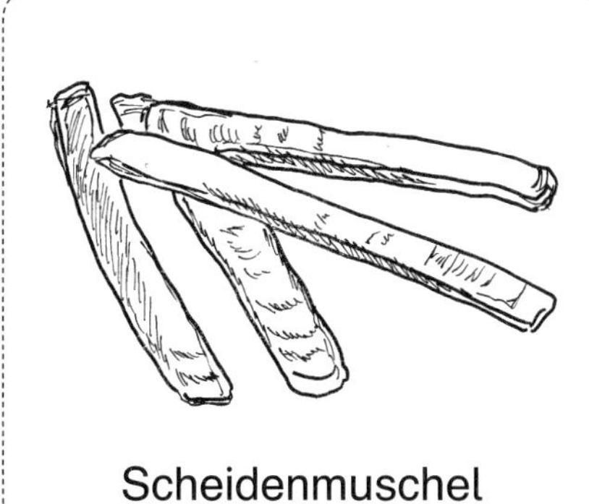
Scheidenmuschel

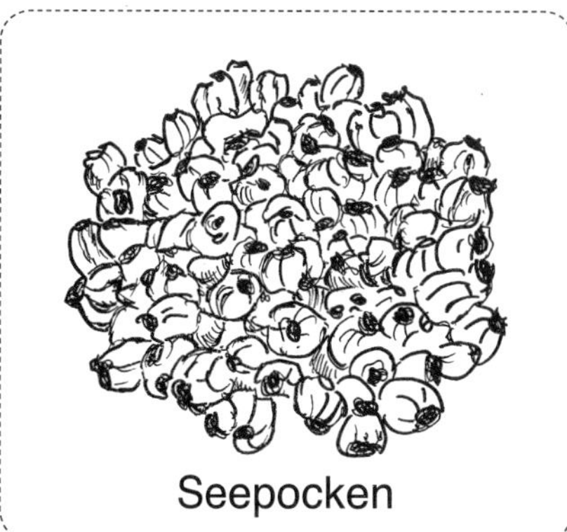
Seepocken

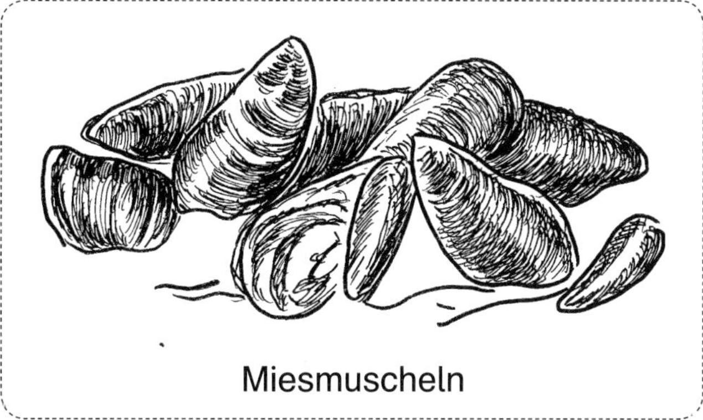
Miesmuscheln

2 Säugetiere

Seehund

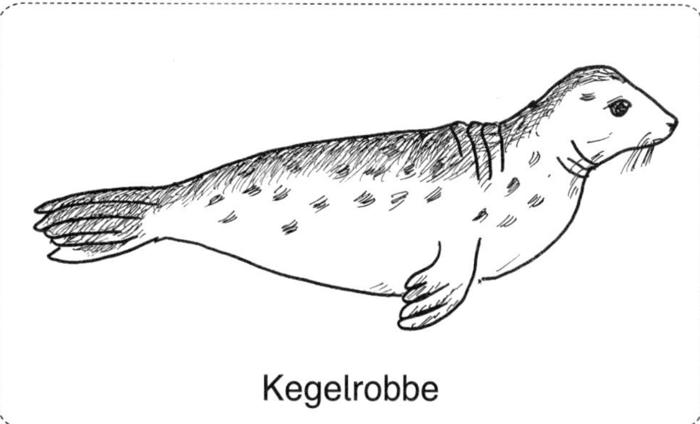
Kegelrobbe

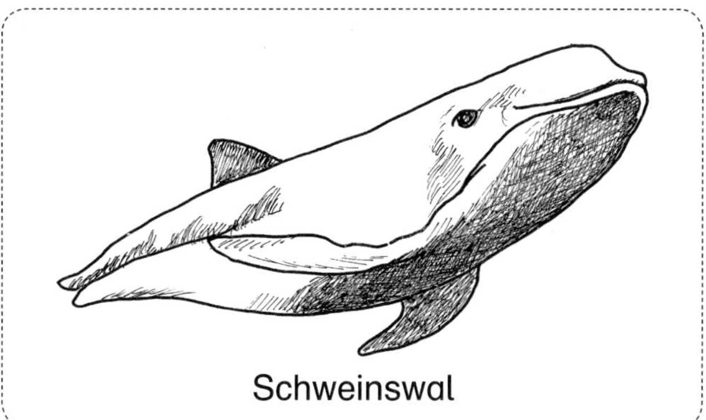
Schweinswal

Tiere im Wattenmeer (Projekt)

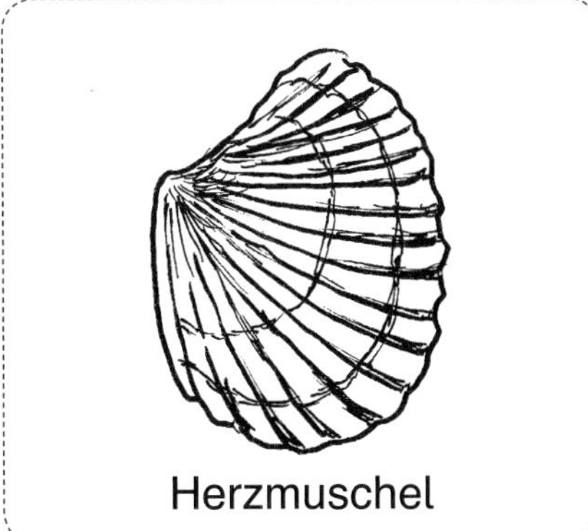

Herzmuschel

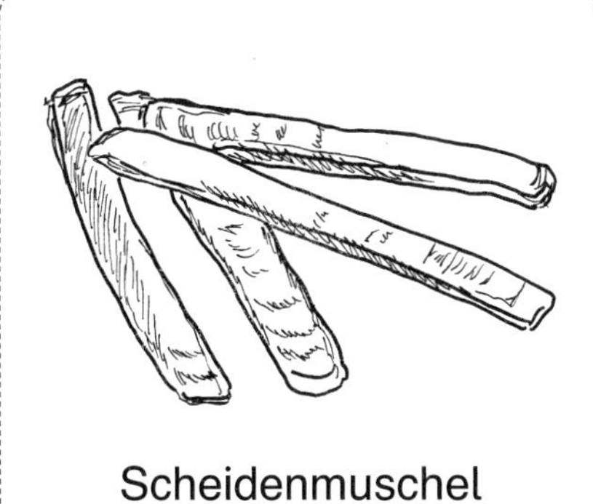

Scheidenmuschel

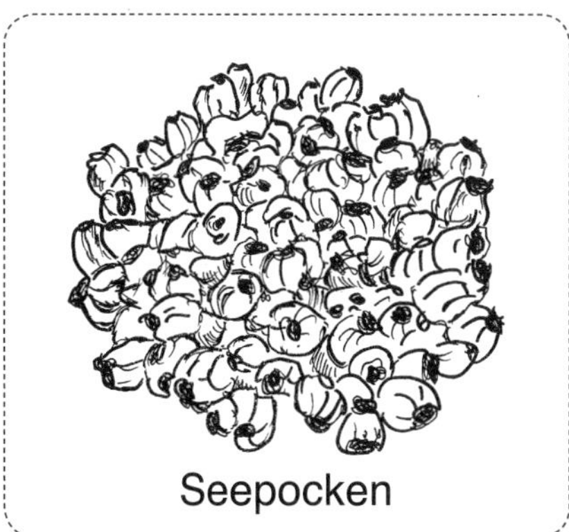

Seepocken

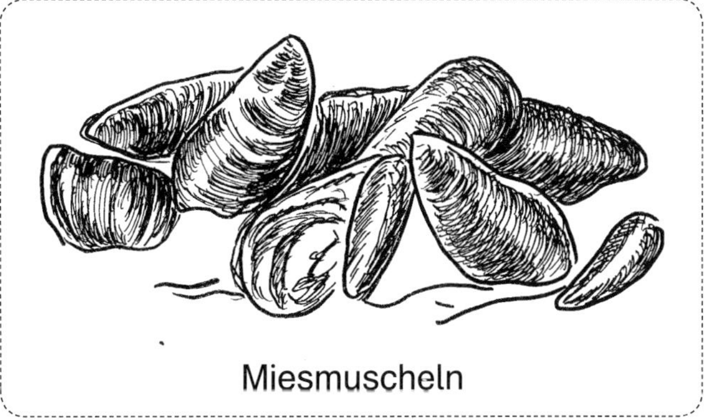

Miesmuscheln

2 Säugetiere

Seehund

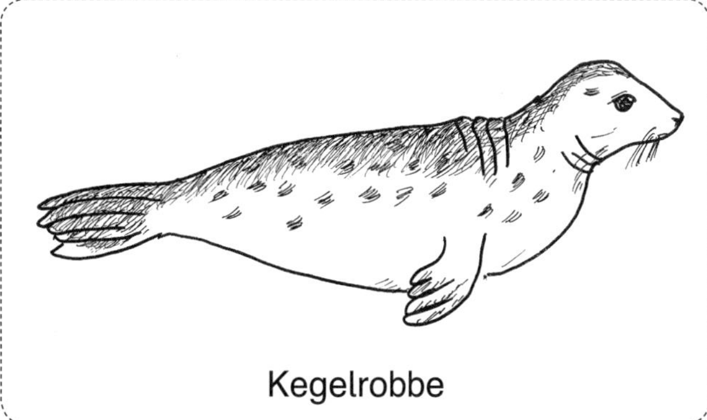

Kegelrobbe

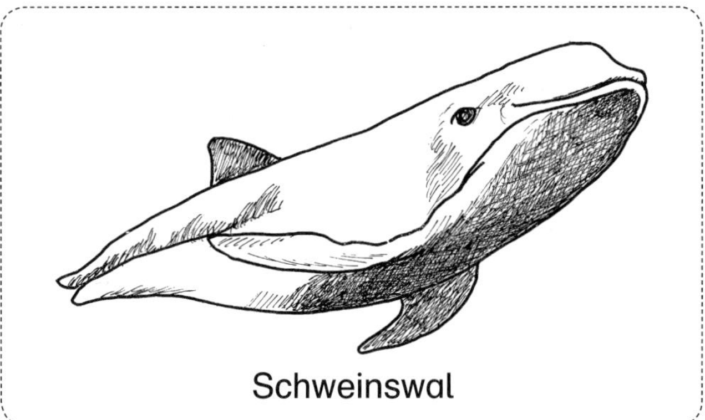

Schweinswal

Das weiß ich jetzt über den Lebensraum Wattenmeer

Kreise die richtigen Lösungsbuchstaben ein.

1. Was ist Plankton?
   - (A) Holzbretter
   - (S) Kleinstlebewesen
   - (P) Muscheln

2. Schweinswale gehören zu den …
   - (S) Fischen.
   - (O) Amphibien.
   - (A) Säugetieren.

3. Im Watt leben Millionen von …
   - (M) Spinnen.
   - (L) Sandkrabben.
   - (B) Regenwürmern.

4. Wattwürmer sind so dick wie …
   - (N) ein Arm.
   - (Z) ein Finger.
   - (F) ein Bindfaden.

5. Junge Seehunde nennt man auch …
   - (R) Brüller.
   - (Z) Quietscher.
   - (W) Heuler.

6. Bei Ebbe …
   - (V) liegt der Wattboden unter Wasser.
   - (I) liegt der Wattboden trocken.
   - (K) steigt der Wattboden an.

7. Ein Priel ist …
   - (E) eine Wasserrinne.
   - (S) ein Badesee.
   - (T) ein Putzmittel.

8. Vögel erbeuten nie einen ganzen Wattwurm, …
   - (A) weil diese giftig sind.
   - (U) weil diese beißen.
   - (S) weil diese Teile ihres Schwanzes abstoßen.

9. Das Watt ist …
   - (L) eine Sandbank.
   - (E) ein flacher Küstenstreifen.
   - (M) eine Insel.

10. Zugvögel …
    - (Z) brüten im Wattenmeer.
    - (W) leben im Wattenmeer.
    - (N) rasten im Wattenmeer.

Das Lösungswort nennt einen Lebensraum im Wattenmeer:

___ ___ ___ ___ ___ ___ ___ ___ ___ ___

Stockwerke des Waldes 1

Der Mischwald setzt sich aus verschiedenen Laub- und Nadelbäumen zusammen. Er wird in verschiedene Schichten (Stockwerke) eingeteilt.

1 **Lies den Text.**

In der **Bodenschicht** befinden sich von allen Pflanzen die Wurzeln. Dazwischen leben Regenwürmer, Asseln und Tausendfüßler. Die Bodenschicht ist auch Winterquartier für Frösche, Kröten und Insekten.

In der **Moosschicht** liegen abgestorbenes Laub, umgefallene Bäume und tote Tiere. Hier leben Moose, Pilze, Ameisen und Käfer.

In der **Krautschicht** wachsen Farne, Kräuter, Kletten und Blumen. Dazwischen tummeln sich Hummeln, Waldameisen und Waldmäuse.

In der **Strauchschicht** wachsen Himbeeren, Brombeeren und Haselnüsse. Hier bauen Vögel ihre Nester. Rehe finden Schutz bei schlechtem Wetter.

Die **Kronenschicht** wird auch Baumschicht genannt. Hier sind die Kronen der Bäume mit ihren Ästen und Zweigen. Eichhörnchen, Uhus und Spechte leben hier.

2 **Trage die verschiedenen Schichten ein.**

Stockwerke des Waldes 2

3 **Tage die verschiedenen Schichten ein.**

Veilchen, Heidelbeere, Eiche, Maus, Fichte, Schmetterling, Anemone, Ringelwurm, Rotkehlchen, Buche, Wildschwein, Insekten, Holunder, Tanne, Brennnessel, Eidechse, Ahorn, Spinne, Eule, Schlehe, Schnecke, Fuchs, Baummarder, Igel, Siebenschläfer, Springkraut, Dachs, Amsel, Feldhase, Fliegenpilz

Kronenschicht:

____

____

Strauchschicht:

____

____

Krautschicht:

____

____

Moosschicht:

____

____

Bodenschicht:

____

____

Wälder unterscheiden sich 1

1 **Betrachte die beiden Bäume. Trage die Wörter ein.**

Die „Blätter“ dieses Baumes heißen

______________________________.

Man nennt diese Bäume

______________________________.

Dieser Baum verliert im Herbst seine

____________. Alle Blätter zusammen

nennt man ____________. Das ist ein

______________________________.

2 **Benenne die Waldarten.**

a) Einen Wald, in dem nur Laubbäume wachsen nennt man

____.

b) Einen Wald, in dem nur Nadelbäume stehen, nennt man

____.

c) Einen Wald, in dem Laub- und Nadelbäume gemischt wachsen, nennt man

____.

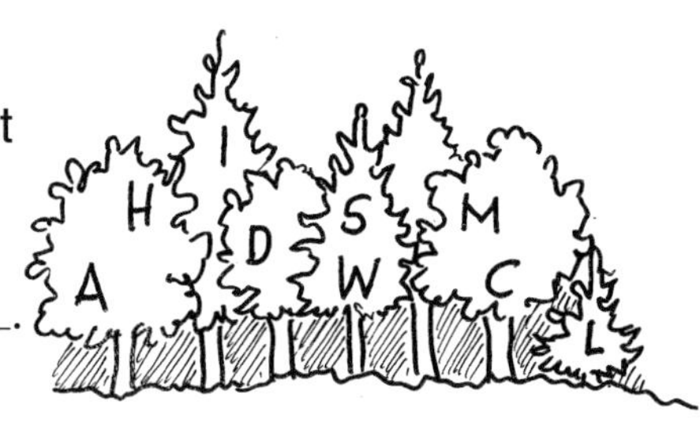

3 **Notiere Waldbäume.**

Nadelbäume: ____

Laubbäume: ____

Wälder unterscheiden sich 2

4 Lies den Text.

Die fünf Stockwerke des Waldes sind nicht in allen Waldarten gleich. In einem reinen Tannenwald stehen die Bäume meistens so dicht beieinander, dass kaum Sonnenlicht in die unteren Schichten gelangt. Deshalb wachsen hier oft keine Sträucher und es gibt auch keine Strauchschicht.

Auch unter den Laubbäumen gibt es welche, die ein sehr dichtes Blätterdach haben und nur wenig Licht bis zur Bodenschicht durchlassen. Dazu zählt z. B. die Buche.

Je mehr Sonnenlicht die Kronenschicht durchlässt, umso besser kann man die verschiedenen Schichten erkennen. Am deutlichsten zeigen sie sich in einem Eichenmischwald.

Mischwälder sind meist natürlich gewachsen und nicht von Menschenhand gemacht. Hier können Pflanzen wild wachsen. Deshalb bietet diese Art von Wald den Lebensraum für eine besonders artenreiche Tier- und Pflanzenwelt. Die unterschiedlichsten Waldbewohner finden in Mischwäldern Schutz, Nahrung und Behausung.

5 Richtig (r) oder falsch (f)? Kreuze an.

	r	f
1. Im Mischwald leben nur wenige Pflanzen und Tiere.	O	M
2. Buchen bilden ein dichtes Blätterdach.	I	T
3. Alle Wälder haben drei Stockwerke.	R	S
4. Mischwälder sind immer von Menschenhand gemacht.	S	C
5. Reine Tannenwälder lassen viel Sonnenlicht auf den Boden.	B	H
6. Der Mischwald bietet für Tiere abwechslungsreiche Nahrung.	W	P
7. Die artenreichste Tier- und Pflanzenwelt findet man im Mischwald.	A	W
8. Alle Wälder haben die gleichen Stockwerke.	K	L
9. Im Nadelwald leben besonders viele Tiere.	E	D

Lösung: ___ ___ ___ ___ ___ ___ ___ ___ ___
1 2 3 4 5 6 7 8 9

Nadelbäume

Fichte

- kegelförmige Krone
- Äste oft hängend
- feinschuppige Rinde

- Nadeln rund um den Zweig
- spitze, vierkantige Nadeln

- lange, schmale, hängende Zapfen
- Zapfen fallen als Ganzes vom Baum

Tanne

- walzen-förmige Krone
- waagerechte Äste
- graue, glatte Rinde

- Nadeln meist zweireihig angeordnet
- flache Nadeln
- zwei silbrige Streifen an der Unterseite

- walzenförmige Zapfen
- Zapfen stehen auf dcn Zweigen
- Schuppen lösen sich und fallen einzeln vom Baum

Kiefer

- schirm-förmige Krone
- grobe, rotbraune Rinde mit tiefen Rissen

- je zwei lange Nadeln sind um die Zweige angeordnet

- kurze, eiförmige Zapfen

- Zapfen fallen als Ganzes vom Baum

Sucht im Wald nach Nadelbäumen. Vergleicht Zapfen und Nadeln mit den Bildern.

Ich habe gefunden: ______________________________

Laubbäume

Eiche

- ausladende, breite Krone
- breiter Stamm
- grobe Rinde

Buche

- schlanker Stamm
- Äste sind hoch angesetzt
- silbergraue, glatte Rinde

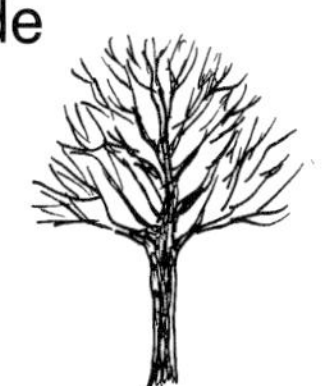

Ahorn

- der Stamm ist geteilt
- Rinde hat enge Längsrisse

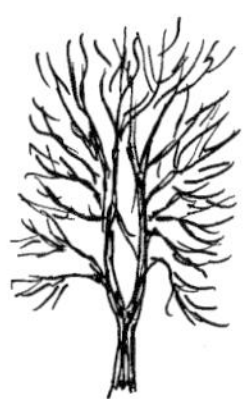

- längliche Blätter mit tiefen Einbuchtungen

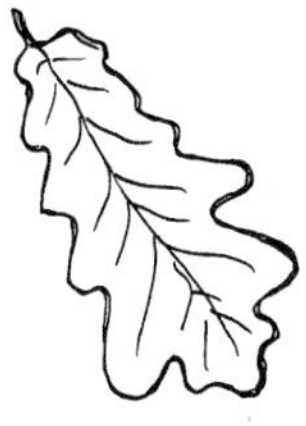

- ovale Blätter mit leicht gewelltem Rand

- grob gezahnte Blätter

- Eicheln an langen Stielen

- Bucheckern mit eckigen Samen

- zweiteiliger Flugsamen schwebt wie ein Propeller zu Boden

Sucht im Wald nach Nadelbäumen. Vergleicht Zapfen und Nadeln mit den Bildern.

Ich habe gefunden: ______________________________

Fotosynthese

Alle Pflanzen der Erde sorgen dafür, dass Menschen und Tiere lebensnotwendigen Sauerstoff zum Atmen haben.

An der Blattunterseite befinden sich winzig kleine *Spaltöffnungen*, mit denen Pflanzen Luft einatmen. In den Blättern ist der grüne Pflanzenfarbstoff *Chlorophyll* enthalten. Das Chlorophyll nimmt die Energie des Sonnenlichts auf und entzieht der Luft das Kohlendioxid. Kohlendioxid reagiert mit Wasser aus dem Boden und es entstehen Traubenzucker (*Glucose*) und Sauerstoff. Den Traubenzucker speichert die Pflanze als *Nahrung* für ihr Wachstum. Den Sauerstoff gibt sie an die Luft ab.

Dieser komplizierte Vorgang wird in der Wissenschaft „Fotosynthese" genannt.

1 **Trage die fehlenden Wörter ein:**

Sauerstoff | Glucose | Chlorophyll | Kohlendioxid | Licht | Wasser

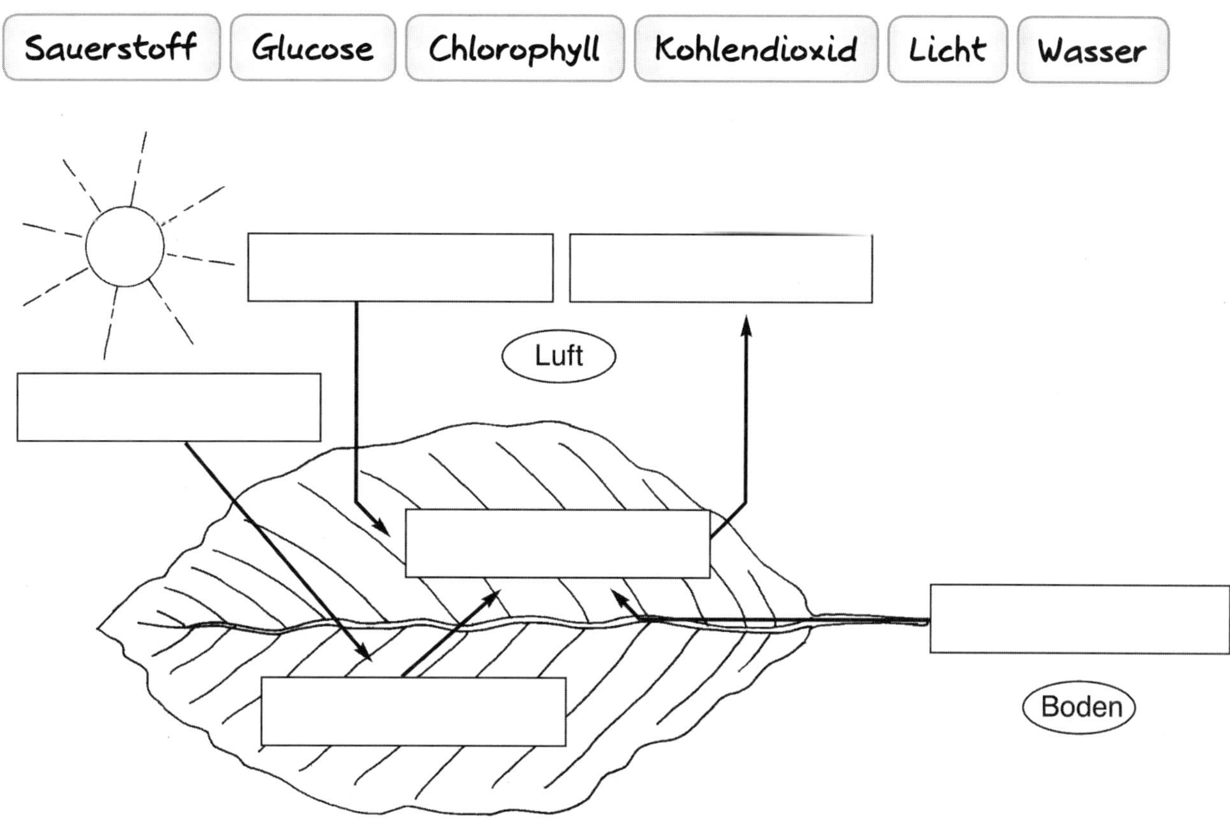

2 **Vervollständige die Sätze.**

Pflanzen atmen mit ______________________________.

Den grünen Pflanzenfarbstoff nennt man ______________________________.

Ein anderes Wort für Glucose ist ______________________________.

Pflanzen brauchen Glucose als ______________________________ für ihr Wachstum.

Waldbewohner

1 **Verbinde.**

Kuckuck

Waldohreule

Eichhörnchen

Habicht

Eichelhäher

Dachs

Baummarder

Buntspecht

Fuchs

Hirsch

Waldbewohner

1 **Suche ein bis zwei Waldtiere aus, für die du dich besonders interessierst. Schreibe Steckbriefe.**

Name: ______________________

Tiergruppe: ______________________

Größe: ______________________

Gewicht: ______________________

Lebensraum: ______________________

Wohnung: ______________________

Nahrung: ______________________

Anzahl der Jungen: ______________________

Lebenserwartung: ______________________

Besonderheit: ______________________

____

____

2 **Zeichne dein Tier oder klebe ein Bild auf.**

Expertenaufgabe 

Vergleiche zwei Tiere. Z. B: Waldohreule – Habicht
Fuchs – Baummarder
Dachs – Eichhörnchen
Buntspecht – Eichelhäher

3 **Hängt eure Steckbriefe für alle an die Pinnwand.**

Nichts geht verloren (Nahrungskreislauf)

Pflanzen und Tiere des Waldes sind voneinander abhängig. Sie bilden einen Nahrungskreislauf.

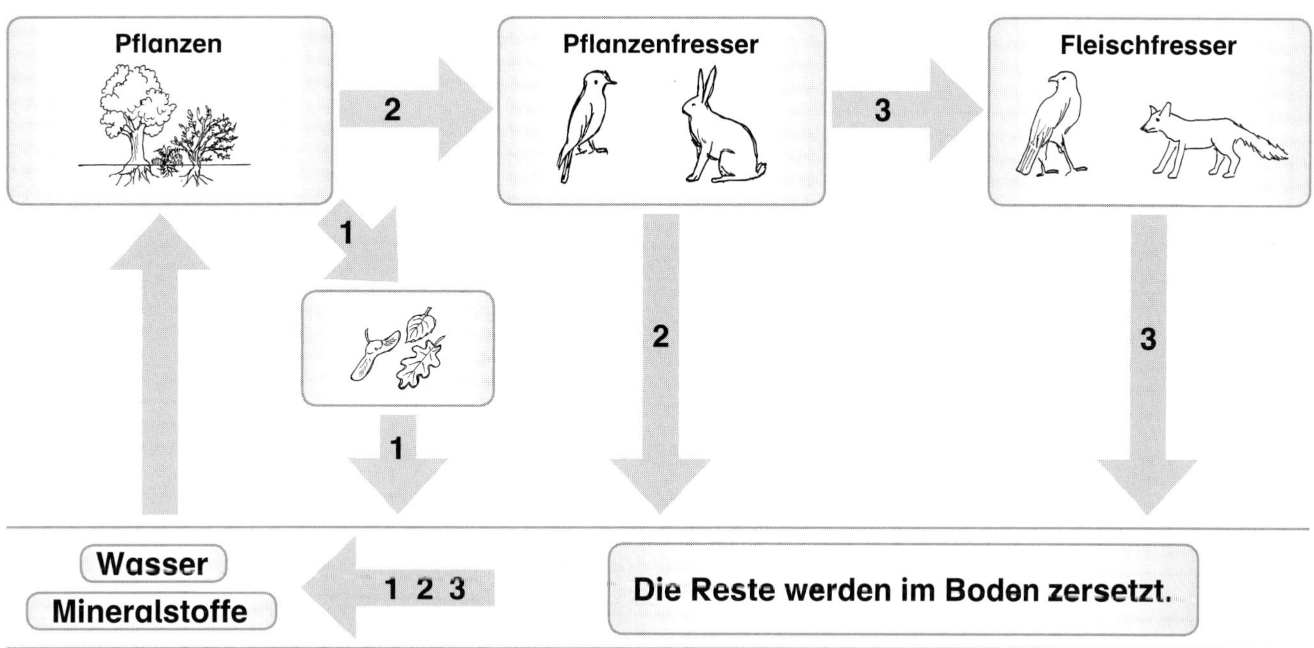

Im Bild siehst du drei Nahrungskreisläufe. Setze die fehlenden Wörter ein.

1. Von Bäumen fallen Laub, kleine Äste und Früchte auf den __________. Sie werden von __________, Schnecken und Kleinstlebewesen zu Humus __________. Von hier aus gelangen Wasser und __________________ wieder in die __________ der Pflanzen. *(Nährstoffe, Würmern, Wurzeln, zersetzt, Boden)*

2. Pflanzenfresser ernähren sich von Blättern, __________ und __________. Teile, die sie nicht verdauen können, aber auch tote __________, fallen auf den Boden. Daraus entsteht __________. Diese Bodenschicht __________ die Wurzeln der Pflanzen wieder mit Wasser und Nährstoffen. *(Tiere, Früchten, versorgt, Humus, Samen)*

3. Fleischfresser ____________ sich teilweise auch von Pflanzenfressern. ____________, Haare und andere unverdauliche Teile werden ____________________ und fallen auf den Boden. Bewohner der Bodenschicht zersetzen diese ____________ zu Humus. Aus dem Boden können Pflanzen nun wieder ____________ und Nährstoffe ziehen. *(Knochen, ernähren, ausgeschieden, Wasser, Reste)*

Nichts geht verloren (Nahrungskreislauf)

Pflanzen und Tiere des Waldes sind voneinander abhängig. Sie bilden einen Nahrungskreislauf. Wenn ein Teil aus dem Nahrungskreislauf ausfällt, ist die Kette unterbrochen. Der Wald wird krank und kann sogar ganz sterben.

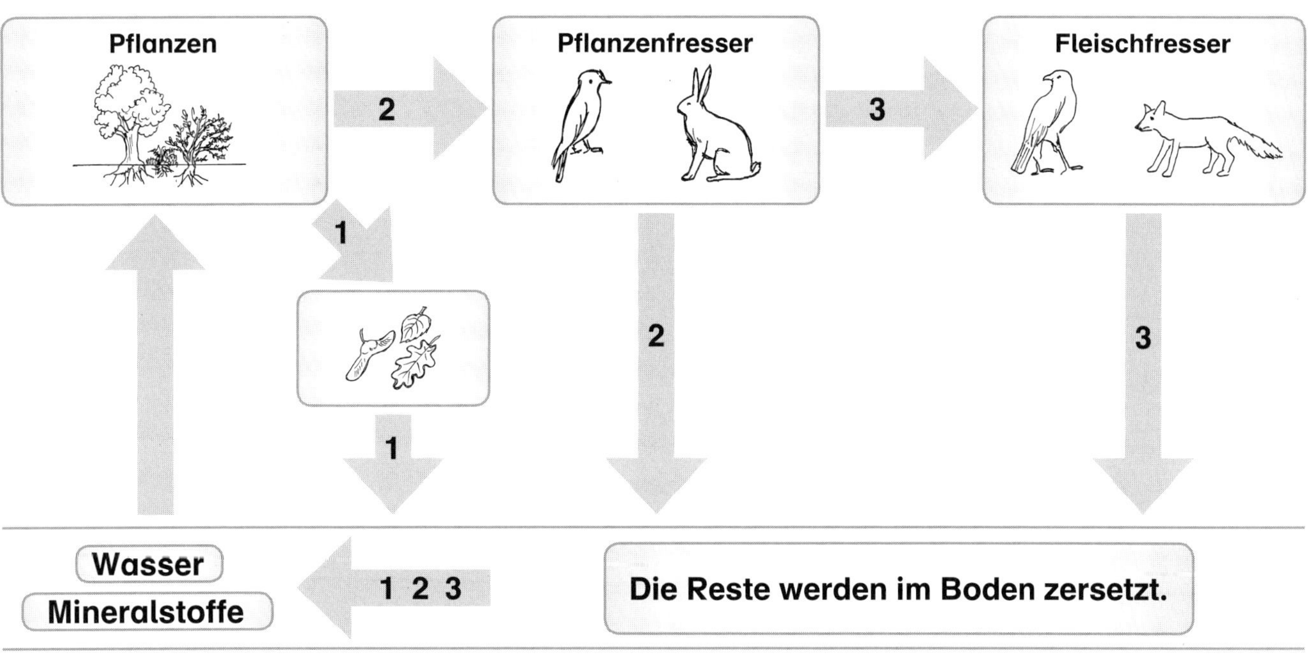

Im Bild siehst du drei Nahrungskreisläufe. Beschreibe sie einzeln.

1. ____

____

____.

2. ____

____

____.

3. ____

____

____.

Fressen und gefressen werden

1 **Finde heraus, welche Tiere von wem gefressen werden. Ziehe Pfeile vom Fressfeind zum Beutetier. Es gibt mehrere Möglichkeiten.**

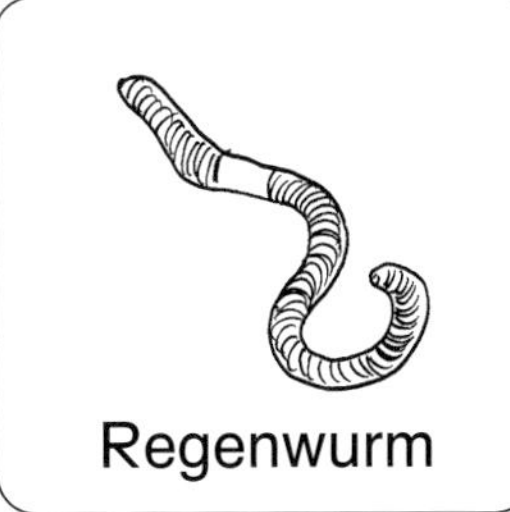
Regenwurm

Waldmaus

Waldameise

Falter

Schmetterling

Kleiber

Meise

Ringelnatter

Kreuzspinne

Waldohreule

Habicht

2 **Erkläre die Behauptungen.**

Ohne Pflanzen kann es auf der Erde kein Leben gegen.

____

____.

Auch Fleischfresser sind von der Existenz der Pflanzen abhängig.

____

____.

Pilze

Pilze bestehen meistens aus dem Pilzgeflecht (Myzel), dem Schirm und dem Stiel.

1) **Beschrifte die Teile des Pilzes.**

2) **Jeder Teil hat seine Aufgabe. Beschrifte den Pilz. Verbinde die Texte mit den Begriffen.**

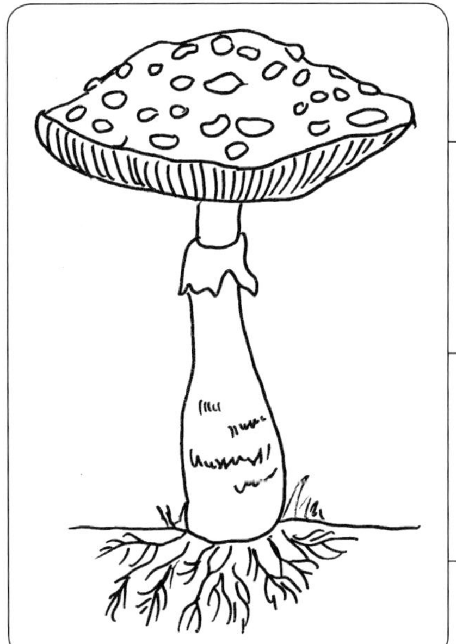

Darauf wächst der Pilz nach oben. Die Sporen können vom Wind besser weggeweht werden.

Es wächst im Boden und ernährt den Pilz.

Schützt die Sporen vor Regen.

Wusstest du, dass ...

... einige Tiere auch giftige Pilze fressen können?

... der sichtbare „Pilz" nur die Frucht des Pilzes ist? Der eigentliche Pilz ist das Myzel.

... zwischen Bäumen und Pilzen eine besondere Beziehung besteht? Pilze zapfen Baumwurzeln an. Der Baum versorgt den Pilz mit Zucker, der Pilz gibt dem Baum Mineralstoffe. Diese Beziehung nennt man **Symbiose**.

3) **Nenne Waldtiere, die sich auch von Pilzen ernähren.**

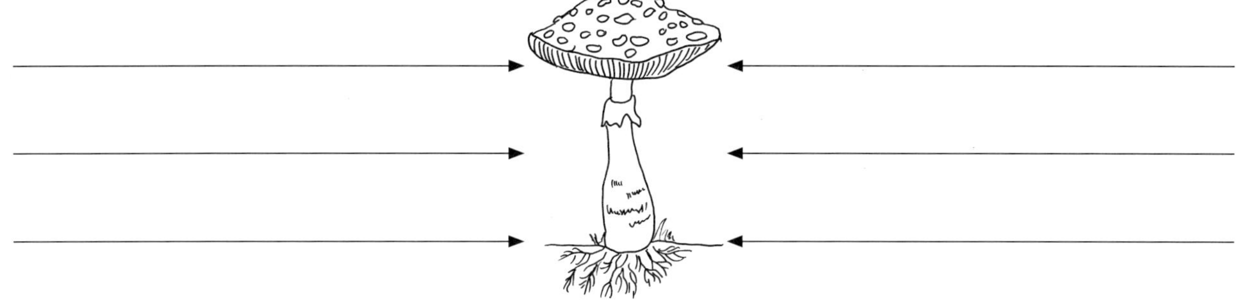

Essbare und giftige Pilze

Marone

Champignon

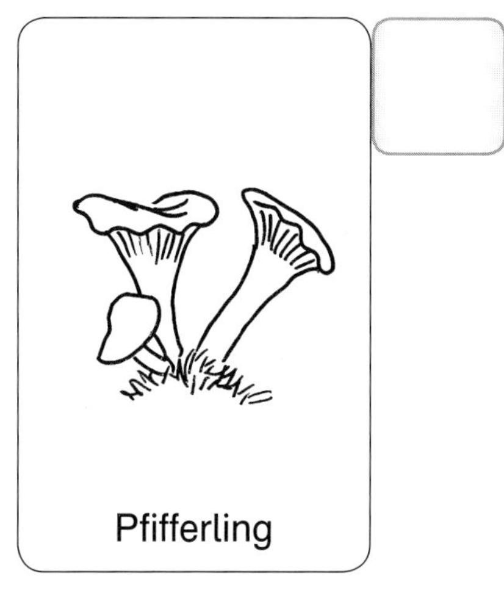

Pfifferling

Steinpilz

Kollenblätterpilz

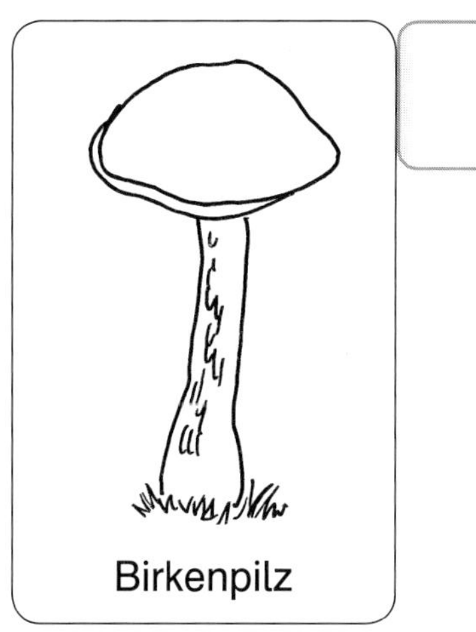

Birkenpilz

Satanspilz

Fliegenpilz

1. **Informiere dich in Bestimmungsbüchern und Internet über die Pilze. Male sie in den richtigen Farben an.**

2. **Zeichne bei jedem Pilz in das Kästchen: Messer und Gabel für „essbar“, einen Totenkopf für „giftig“.**

3. **Beim Ernten darf man den Pilz nicht aus dem Boden reißen. Man schneidet ihn zwischen Stiel und Erde mit einem scharfen Messer ab. Erkläre!**

Tiere des Waldes (Rätsel)

1 Löse die Rätsel

1. Wenn du meinen Ruf hörst, kennst du meinen Namen
2. Ich bin ein Käfer und kann Bäume zerstören.
3. Obwohl ich ein Käfer bin, trage ich ein Geweih.
4. Mein Trommeln kannst du im Wald weit hören.
5. Ich trage einen buschigen Schwanz und springe von Baum zu Baum.
6. Zu meiner Familie gehören Keiler, Bachen und Frischlinge.
7. Tagsüber sitze ich auf hohen Bäumen und spähe meine Beute aus.
8. Ich trage ein Kreuz und habe acht Beine.
9. Mein Kopf hat schwarze und weiße Streifen.
10. Ich habe keine Beine und trage eine Zickzacklinie auf dem Rücken.

Dachs | Borkenkäfer | Wildschwein | Kreuzotter | Kuckuck | Eichhörnchen | Hirschkäfer | Kreuzspinne | Specht | Habicht

1						C						
2	B											
3								Ä				
4												
5												
6												
7					C							
8												
9												
10												

Eicheln sind meine Leibspeise

2 Ordne die grau unterlegten Buchstaben.

Lösung: ___ ___ ___ ___ ___ ___ ___ ___ ___ ___ ___

Ein Leben im Verborgenen

Laub, tote Tiere und umgestürzte Bäume liegen auf dem Waldboden. Diese werden von Vögeln, Mäusen und Maulwürmern zerkleinert. Die Reste werden über den Kot ausgeschieden. Bewohner in der Erde fressen den Kot und zersetzen ihn im Darm weiter. Im Darm leben Pilze und Bakterien, die daraus Humus entstehen lassen.

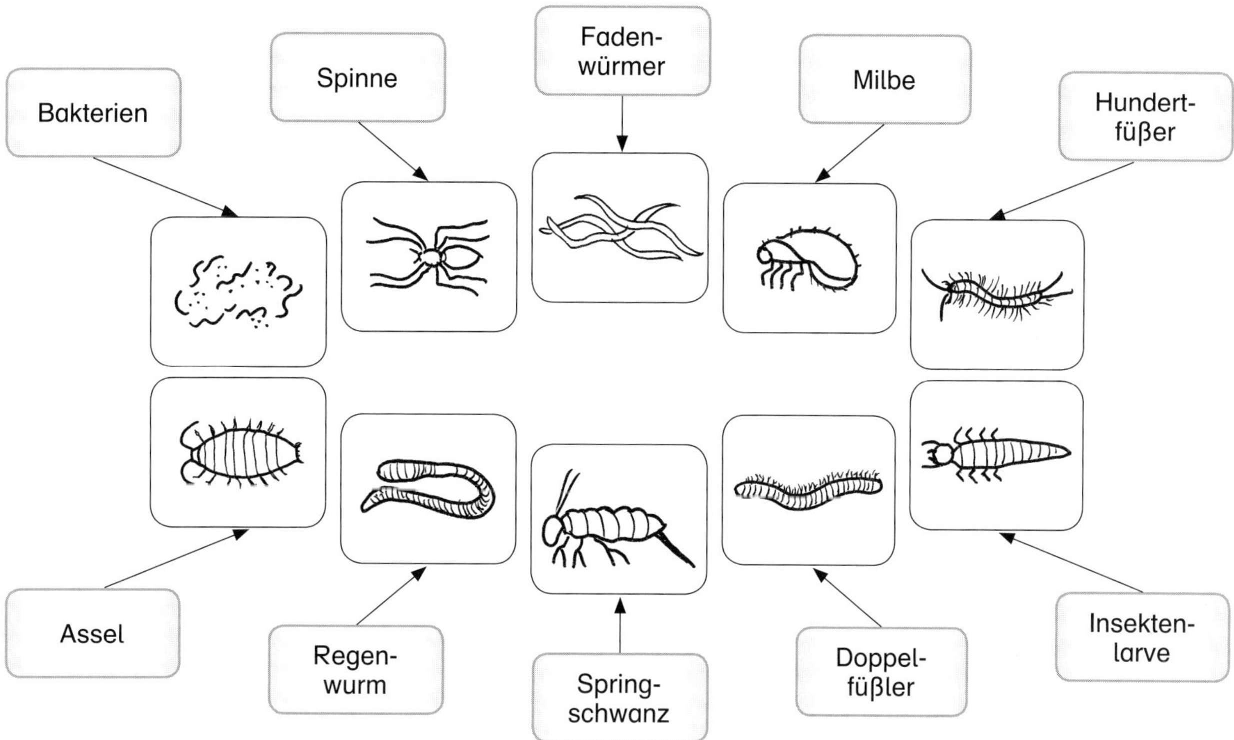

1 **Sammelt eine kleine Menge Waldboden in einem Glas oder einem Becher. Untersucht den Boden mit einer Lupe. Welche Tiere habt ihr gefunden?**

____

____

2 **Von welchem der unsichtbaren Helfer möchtest du gerne mehr wissen? Informiere dich in Bestimmungsbüchern über eins der Tiere. Schreibe auf, was du herausgefunden hast.**

____

____

____.

Was blüht denn da?

Im Frühling und Sommer ist der Waldboden voll mit bunten Blüten. Viele Waldblumen stehen unter Naturschutz. Sie dürfen nicht zertreten oder ausgegraben werden.

Informiere dich genauer über die Pflanzen.

Name: Schlüsselblume

Standort: ______________________________

Größe: ______________ Blüht im ______________

Name: Buschwindröschen (Anemone)

Standort: ______________________________

Größe: ______________ Blüht im ______________

Name: Veilchen

Standort: ______________________________

Größe: ______________ Blüht im ______________

Name: Leberblümchen

Standort: ______________________________

Größe: ______________ Blüht im ______________

Name: Maiglöckchen

Standort: ______________________________

Größe: ______________ Blüht im ______________

Name: Fingerhut

Standort: ______________________________

Größe: ______________ Blüht im ______________

Besonderheit: ______________________________

Beerenpflanzen

Auf Waldlichtungen und an Wegesrändern kannst du vom Frühling an bis in den Herbst essbare Beeren finden. Man kann daraus Marmelade, Gelee und Saft bereiten.

1 **Kreuze an, welche Beeren du schon im Wald oder am Waldrand gesehen hast.**

Blaubeere, Heidelbeere

Himbeere

Preiselbeere

Holunder

Weißdorn, „Mehlbeere"

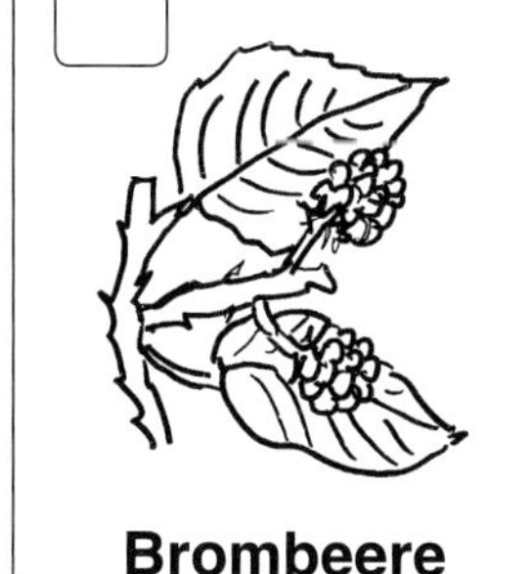

Brombeere

Walderdbeere

Achtung, giftige Beeren!

Diese Pflanzen sind nur zum Anschauen. Fass sie nicht an!
Sie sind in allen Teilen (Stängel, Blätter, Beeren) giftig.

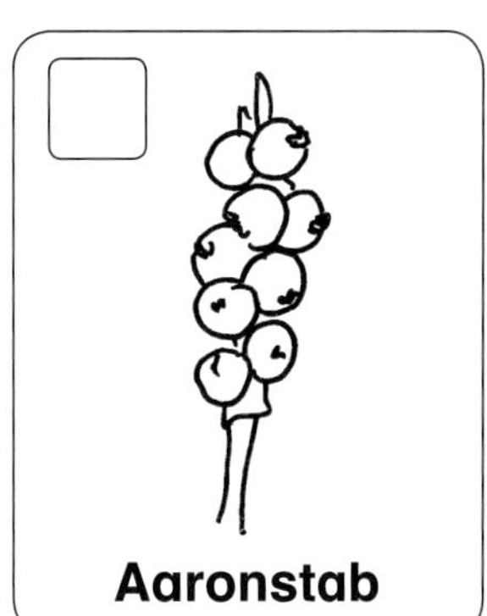

Aaronstab

Tollkirsche

Einbeere

2 **Male die Beeren in der richtigen Farbe an.**

Wildschweine

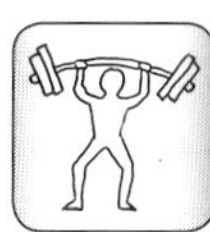

1 Setze die fehlenden Wörter ein.

Schaden | braun | 200 kg | Allesfresser | Feinde | Schlamm | Streifen | gejagt | Hausschweine | gesäugt | Säugetieren | Borsten | Waffen | zerwühlen | Wald

Wildschweine gehören zu den größten ____________________, die in Mitteleuropa frei leben. Sie sind bis zu 1,60 m lang und etwa ____________________ schwer. Sie werden bis zu 20 Jahre alt. Wildschweine haben keine natürlichen ____________________. Die Männchen sind Einzelgänger. Die Weibchen leben mit ihren Jungen in sogenannten Rotten. Wildschweine sind die Urväter unserer ____________________. Sie haben aber längere Beine und aufrecht stehende Ohren. Wildschweine tragen ein schwarzbraunes Haarkleid mit ____________________. Männchen benutzen ihre Eckzähne als ____________________. Wildschweine sind ____________________. Sie wühlen im Boden und verzehren Baumfrüchte, Pilze, Käfer, Schnecken und tote Tiere. Wildschweine suhlen(wälzen) sich gerne im ____________________. So kühlen sie ihren Körper und schützen sich vor Ungeziefer. Tagsüber halten sich Wildschweine im ____________________ auf. Nachts ____________________ sie oft Kartoffel-, Mais- und Rübenfelder. Weil sie dabei großen ____________________ anrichten, werden sie das ganze Jahr über ____________________. Vor der Geburt scharrt das Weibchen eine Mulde und kleidet sie mit Laub und Gras aus. In diesem „Wurfkessel" werden 5 bis 6 Junge geboren und ____________________. Ihr Fell ist ____________________ und hat an beiden Seiten drei bis vier helle ____________________. Nach etwa drei Wochen wühlen die Kleinen schon selbst in der Erde.

2 Finde heraus, welche Namen es für Wildschweine gibt:

Männchen: ________________ Weibchen: ________________ Junge: ________________

Funktionen des Waldes

1 **Setze die fehlenden Wörter ein.**

speichert | Wasserkreislauf | Steinschlag | locker
abgetragen | Düngemitteln | abrutschen | versickert
Oberfläche | Funktion | Sauerstoff | Trinkwasser | bremst
Schwamm | Wasser | reinigt | Luft

Wasserreinigung

Auf der Erde gibt es viel ________________. Durch den ________________ in der Natur gelangt dieses immer wieder auf den Boden. Dort ________________ es langsam und wird dabei gefiltert. Waldboden ________________ Wasser besonders gut, weil er ________________ und luftig ist. Auch bei starkem Regen nimmt der Boden eine Menge Wasser wie ein ________________ auf. Er ________________ es und gibt es langsam ins Grundwasser ab. Außerdem ist Waldboden nicht mit ________________ und anderen giftigen Stoffen belastet. Dadurch wird auch in trockenen Zeiten sauberes ________________ erzeugt.

Bodenerhaltung

Weil das Wasser nicht an der ________________ abfließt, sondern langsam versickert, wird kein fruchtbarer Boden ________________. Im Mittel- und Hochgebirge hat der Wald noch eine weitere wichtige ________________: Die starke Durchwurzelung des Bodens schützt bei ________________ oder Lawinen vor Erdabtragung. Das Wurzelwerk der Pflanzen ________________ das Erdreich und verhindert, dass Steine und Schnee ________________.

Luftreinhaltung

Die riesige Oberfläche der Blätter des Waldes nimmt Kohlendioxid aus der ________________ auf und wandelt ihn in ________________ um, den Mensch und Tier zum Atmen brauchen.

Der Wald ist gefährdet

1 **Findet Beispiele für die einzelnen Punkte.**

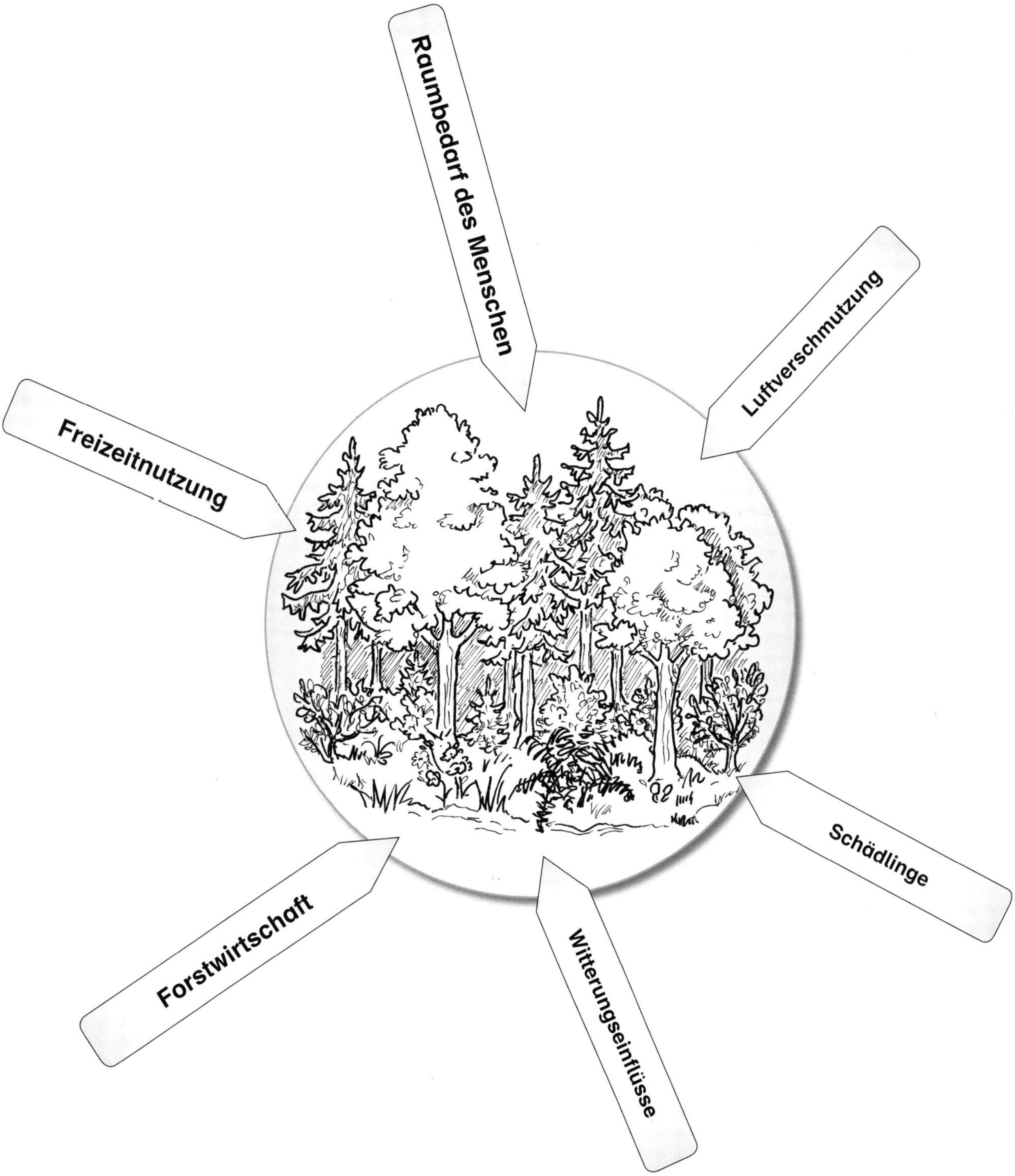

Raumbedarf des Menschen

Luftverschmutzung

Freizeitnutzung

Schädlinge

Forstwirtschaft

Witterungseinflüsse

2 **Diskutiert in der Klassengruppe die Folgen für Menschen, Tiere und Pflanzen.**

Das weiß ich jetzt über den Lebensraum Wald

Stockwerke	Nadelbäumen	Myzel	Laubbäume	giftiger
Dachs	essbare	Wurfkessel	Sauerstoff	Hirschkäfer

1. Der ______________________ trägt am Kopf schwarze und weiße Streifen.

2. Das Pilzgeflecht nennt man ______________________.

3. Boden-, Moos-, Kraut-, Strauch- und Kronenschicht sind ______________ des Waldes.

4. Der ______________________ trägt ein Geweih am Kopf.

5. Ahorn, Buche und Eiche sind ______________________.

6. Der Knollenblätterpilz ist ein ______________________ Pilz.

7. Die Blätter des Waldes wandeln Kohlendioxid in ______________________ um.

8. Tannen, Kiefern und Fichten gehören zu den ______________________.

9. Die Geburtsmulde der Wildschweine nennt man ______________________.

10. Holunder und Weißdorn haben ______________________ Beeren.

Leben in der Bergwelt

1 Lies den Text.

Tiere und Pflanzen müssen sich in der Bergwelt härteren Lebensbedingungen stellen als in der Ebene. Die Winter sind länger und rauer. Hier leben Tiere und Pflanzen, die es sonst nirgends gibt. Je höher man in den Bergen kommt, umso niedriger sind die Temperaturen und das Pflanzenwachstum.

In den Alpen liegt die Waldgrenze bei etwa 2000 Metern. Darüber schließt sich bis 3000 Meter Grasland an. Ab dieser Region ist der Sommer nur noch ein bis zwei Monate lang. Hier gedeihen nur noch spezielle Hochgebirgspflanzen, die mit den kurzen Sommern und den tiefen Temperaturen zurechtkommen.

Diese Gebirgsregionen beherbergen eine Reihe von Pflanzen, die verschiedene medizinische Wirkung haben.

Durch den Klimawandel werden die Temperaturen immer milder. Dadurch siedeln sich Pflanzen aus tieferen Bergregionen immer höher an. Den Gebirgsspezialisten, die an die Kälte angepasst sind, wird es ebenfalls zu warm. Auch sie wandern in höhere Regionen ab. Aber irgendwann ist die obere Grenze des Gebirges erreicht, sodass diese Pflanzen vom Aussterben bedroht sind.

Menschen gefährden den Lebensraum durch ihr Freizeitverhalten. Sie legen Skilifte, Skipisten oder Spuren für Langlaufski an und verkleinern dadurch den Lebensraum für Tiere und Pflanzen. Ebenfalls fühlen sich hier lebende Tiere durch Lärm gestört und können ihre Jungen nicht mehr in Ruhe aufziehen.

2 Beantworte die Fragen.

Wie lange dauert der Sommer über 3000 Meter Höhe?

____.

Wie verhalten sich Pflanzen im Gebirge, wenn die Temperaturen immer niedriger werden?

____

____.

Wodurch stören Menschen den Lebensraum der Tiere und Pflanzen?

____

____.

Was ist die Folge dieser Störung?

____.

Tarnung ist alles

Für Schneehasen, Schneehühner und Hermelin ist ein Tarnkleid lebensnotwendig.

1. **Informiere dich über eines der Tiere genauer.**
2. **Schreibe einen Steckbrief oder einen kurzen Bericht für die Pinnwand.**

Schneehase

Alpenschneehuhn

Hermelin

Murmeltiere 1

1 Setze die fehlenden Wörter ein.

Winterschlaf | Höhleneingang | Insekten | Gras | Feinden | Säugetieren | Steinadler | Boden | Höhlen | Kräutern | Alpen | dicke | blind | Bau | Pfiff

Murmeltiere gehören zu den ________________.

Sie sind etwa so groß wie ein Hase und haben kräftige Nagezähne. Sie leben in den ________________ in einer Höhe von 1000 bis 3000 Metern. Ihre Nahrung besteht aus Gräsern und ________________ der Gebirgswelt. Außerdem verspeisen sie gerne ________________, Larven und Regenwürmer.

Murmeltiere leben in ________________. Dazu graben sie lange Tunnelgänge in den ________________. Manchmal kann man Murmeltiere hoch aufgerichtet vor dem ________________ beobachten. Dann halten sie Ausschau nach ________________. Weit hörbar ist der schrille ________________, den sie ausstoßen, wenn Gefahr droht. Hauptfeinde der Murmeltiere sind ________________, aber auch Füchse und Wölfe.

Im Sommer und Herbst fressen sich Murmeltiere eine ________________ Speckschicht an. Den sechsmonatigen ________________ verbringen sie in ihrem ________________.

Die Jungen sind anfangs nackt, ________________ und taub. Nach etwa 40 Tagen verlassen sie den Bau. Nun können die Kleinen schon ________________ und Kräuter fressen. Mit zwei Jahren sind Murmeltiere ausgewachsen.

Murmeltiere 2

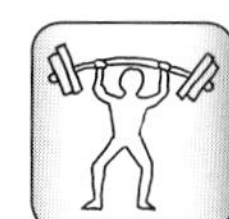

2 **Richtig oder falsch? Kreuze an.**

	r	f
1. Murmeltiere sind so groß wie Schafe.	A	B
2. Murmeltiere sind Winterschläfer.	E	H
3. Neugeborene Murmeltiere haben ein Fell.	N	R
4. Bei Gefahr wedeln Murmeltiere mit den Vorderbeinen.	I	G
5. Murmeltiere sind Säugetiere.	R	M
6. Ihre Hauptfeinde sind Steinadler.	E	P
7. Murmeltiere leben an Seen.	K	G
8. Murmeltiere haben kräftige Nagezähne.	I	F
9. Murmeltiere legen Vorräte für den Winter an.	U	O
10. Murmeltiere bauen Nester.	S	N

Lösung: ______ ______ ______ ______ ______ ______ ______ ______ ______ ______

Tiere der Bergwelt (Domino)

Uhu		Kreuzotter	
Hermelin		Murmeltier	
Steinadler		Schnee- huhn	
Berg- eidechse		Steinbock	
Schnee- hase		Gämse	

Das weiß ich jetzt über den Lebensraum Bergwelt

1. Im Hochgebirge dauert der Sommer	**A**	20 Wochen.
	F	4 bis 5 Monate.
	E	1 bis 2 Monate.
2. Murmeltiere sind	**S**	Insekten
	M	Amphibien
	D	Säugetiere
3. Im Winter trägt das Hermelin	**R**	ein braunes Winterfell.
	E	ein weißes Fell.
	T	das gleiche Fell wie immer.
4. Der Lebensraum in der Bergwelt wird durch Skipisten	**L**	kleiner.
	B	größer.
	O	abwechslungsreicher.
5. In der Bergwelt sind die Winter	**K**	lang.
	W	kurz.
	G	so lang wie überall.
6. Hauptfeinde der Murmeltiere sind	**Z**	Gämsen
	N	Steinböcke
	E	Steinadler
7. Im Gebirge leben	**U**	Kröten
	I	Bergeidechsen
	H	Blindschleichen
8. Murmeltiere haben	**S**	kräftige Vorderbeine.
	A	große Ohren.
	ß	kräftige Nagezähne.

Lösung Die Planze wächst und blüht im Gebirge:

___ ___ ___ ___ ___ ___ ___ ___
1 2 3 4 5 6 7 8

Und so sieht sie aus:

Mein Lexikon

Erkläre die Begriffe mit deinen eigenen Worten.

Amphibien: ______________________________

____

Ebbe: ______________________________

____

Feuchtwiese: ______________________________

____

Flut: ______________________________

____

Gehäuseschnecke: ______________________________

____

Heuler: ______________________________

____

Insekten: ______________________________

____

Kriechsohle: ______________________________

____

Larve: ______________________________

____

Mein Lexikon

Magerwiese: ______________________________

____

Myzel: ______________________________

____

Nacktschnecke: ______________________________

____

Plankton: ______________________________

____

Priel: ______________________________

____

Säugetiere: ______________________________

____

sesshaft: ______________________________

____

Streuobstwiese: ______________________________

____

Symbiose: ______________________________

____

Mein Lexikon

verpuppen: ______________________________

____

Wattenmeer: ______________________________

____

wechselwarm: ______________________________

____

Weichtiere: ______________________________

____

Winterschläfer: ______________________________

____

Lösungen (Lebensraum Wiese und Hecke)

Entstehung der Wiesen S. 1

Beantworte die Fragen zum Text.

1. Die Menschen holzten einen Teil der Wälder ab.
2. Ein- bis zweimal im Jahr.
3. Sie sind Lebensraum für Gräser, Wiesenblumen, Kräuter und Tiere.
4. Autoabgase, Staub und zu häufiges Mähen schadet den Wiesenpflanzen.

Erkennst du mich? S. 9

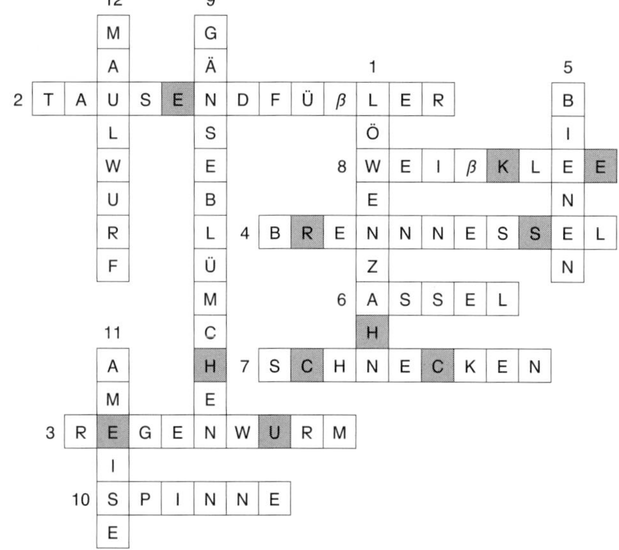

Lösungswort: HEUSCHRECKE

Wilde Möhre – beliebt bei vielen Tieren S. 13

Suche die Tiere im Bild und setze die Zahlen vor die Kärtchen.

5 Blattläuse saugen an den Stängeln der Pflanzensaft.
3 Schnecken fressen die Blätter.
1 Schwebfliegen saugen den süßen Nektar der Blüten.
7 Ameisen saugen den süßen Saft, den die Blattläuse ausscheiden.
2 Raupen fressen die Blätter.
6 Marienkäfer fressen die Blattläuse.
4 Heuschrecken fressen die Blätter.

Schmetterlinge sind Verwandlungskünstler S. 14

Lösung: F A L T E R

Schnecken S. 15

Beantworte Fragen zum Text.

a) Die Sonne würde den Schneckenkörper austrocknen.
b) Die Kriechsohle ist ein Muskel, der sich wellenförmig von hinten nach vorne zusammenzieht.
c) Sie riechen mit dem kürzeren Fühlerpaar.
d) Beim Kriechen sondert die Schnecke von vorne Schleim ab, durch den sie kriecht. Dieser Schleim schützt den Körper, sodass sie sich auf rauem Boden nicht verletzt.

Lösungen (Lebensraum Wiese und Hecke)

Die Weinbergschnecke S. 16

Beschrifte die Schnecke.

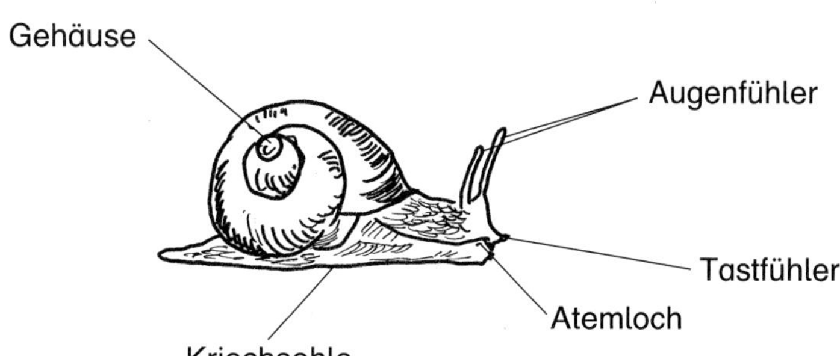

Verbinde die Texte mit den Bildern.

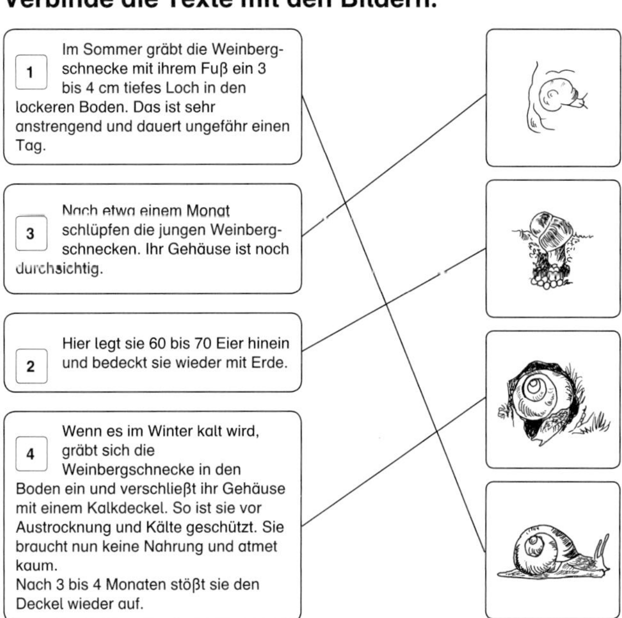

Tiere der Hecke S. 20

C	G	I	M	K	O	L	P	F	E	S	W	D	B	H
E	L	S	T	E	R	F	L	P	M	P	Ö	P	M	F
Y	B	P	J	Q	M	A	U	S	W	I	E	S	E	L
K	X	I	O	F	P	Ö	S	C	B	N	M	Q	I	X
R	O	T	K	E	H	L	C	H	E	N	K	Ü	S	M
Ö	C	Z	H	L	I	E	N	M	P	E	W	X	E	L
T	U	M	E	D	N	B	R	E	B	H	U	H	N	J
E	C	A	Ü	H	M	U	Q	T	Y	P	X	A	C	H
U	K	U	T	A	R	C	N	T	K	L	Ö	S	W	Q
B	Q	S	S	S	C	H	N	E	C	K	E	E	L	K
X	A	M	S	E	L	F	O	R	Y	Ä	V	L	B	N
Q	W	E	R	G	R	I	L	L	E	F	Z	M	S	P
Z	U	F	A	S	A	N	K	I	G	E	L	A	M	R
G	H	J	K	L	Ö	K	Ä	N	X	R	C	U	V	B
Ü	P	O	I	U	Z	T	R	G	M	N	V	S	F	X

Lösungen (Lebensraum Teich und See)

Entdeckungen an Teich und See — S. 23/24

Finde die Tiere im Bild und trage die Zahlen hier ein.

5 Haubentaucher
3 Kormoran
14 Karpfen
18 Stechmücke
23 Weiden
13 Teichmolch
17 Ringelnatter
4 Blesshuhn
10 Graureiher
1 Biber
16 Wasserfrosch
26 Schilf
6 Eisvogel
22 Stockenten
25 Rohrkolben
27 Sumpf-Schwertlilie
15 Kaulquappen
7 Elritzen
20 Wasserläufer
2 Bisamratte
11 Hecht
19 Teichmuscheln
9 Gelbrandkäfer
12 Libelle
21 Wels
24 Gelbe Teichrosen
8 Fischadler

Welche Tiere leben auf dem See oder in seiner Nähe?

Haubentaucher, Biber, Wasserläufer, Wasserfrosch, Kormoran, Bisamratte, Stechmücke, Eisvogel, Stockenten, Libelle, Ringelnatter, Blesshuhn, Graureiher, Fischadler

Welche Tiere leben im See?

Karpfen, Hecht, Teichmuscheln, Gelbrandkäfer, Teichmolch, Wels, Kaulquappen, Elritzen

Tiergruppen — S. 25

Insekten: Wasserläufer, Stechmücke, Libelle ...
Weichtiere: Teichmuscheln, ...
Vögel: Haubentaucher, Kormoran, Eisvogel, Stockenten, Blesshuhn, Graureiher, Fischadler, ...
Amphibien: Wasserfrosch, Teichmolch, Kaulquappen, ...
Säugetiere: Biber, Bisamratte, ...
Fische: Karpfen, Hecht, Wels, Elritzen, ...

Der Teichmolch 2 — S. 27

Name: Teichmolch
Tiergruppe: Amphibien
Länge: bis zu 11 cm
Lebenserwartung: etwa 5 Jahre
Frühling/Sommer: in Tümpeln und Teichen
Herbst/Winter: an Land in feuchten Verstecken unter Steinhaufen oder in Erde
Nahrung der Larve: Kleine Wassertierchen
Nahrung des Teichmolchs: Im Wasser fressen sie Larven und Eier von Libellen, Mücken, Wasserschnecken und anderen Amphibien
An Land Spinnen, Asseln, Insekten, Regenwürmer, Schnecken
Feinde der Larven: Wasserkäfer, Wanzen, Molche, Fische
Feinde des Teichmolchs: Laufkäfer, Vögel, Ringelnattern, Möwen, Stockenten, Weißstörche, Spitzmäuse, Igel, Ratten

Lösungen (Lebensraum Teich und See)

Pflanzenzonen an Teich und See S. 28/29

Aufgabe 1 und 2:

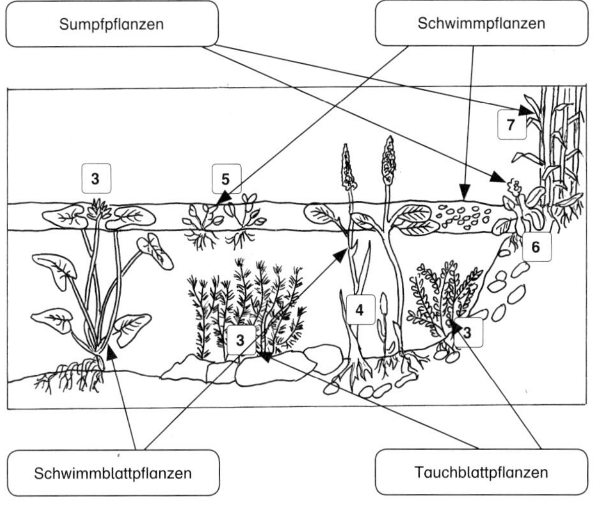

Lösungen (Lebensraum Wattenmeer)

Was ist ein Watt? S. 31

Welche Lebensräume gehören zum Wattenmeer?

Wattboden, Salzwiesen, Dünen, Deiche, Inseln, Sandbänke

Welche Säugetiere leben im Wattenmeer?

Seehunde, Kegelrobben, Schweinswale

Lebensräume im Wattenmeer S. 32

Aufgabe:

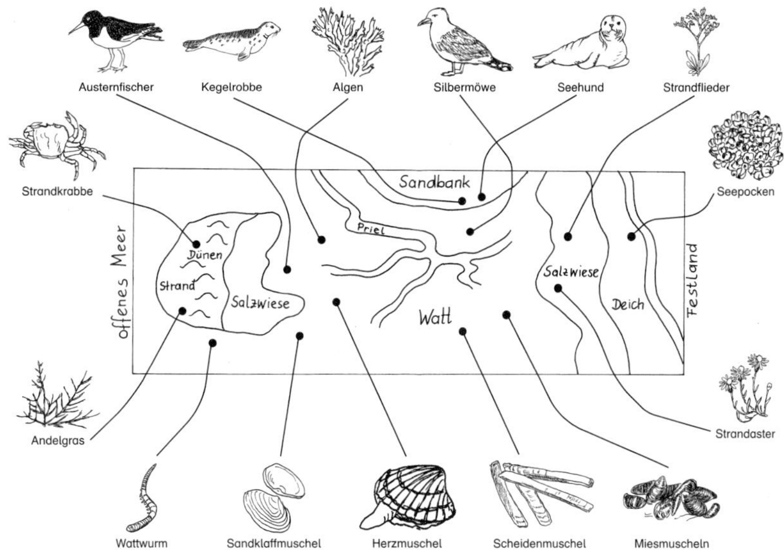

Lösungen (Lebensraum Wattenmeer)

Seltsame Spuren — S. 33

Verbinde.

Jawohl, das sind Kothäufchen eines wichtigen Wattbewohners. Unter jedem Häufchen befindet sich ein **Wattwurm** (auch Priel- oder Sandwurm genannt). Sein lateinischer Name ist *Arenicola marina*, was nichts anderes als „Sandbewohner“ heißt. Er sieht aus wie ein dicker Regenwurm mit einem dünneren Schwanzende.

1 **Verbinde.**

rote Kiemenbüschel

Kopf mit Rüssel, den der Wurm ausstülpen kann

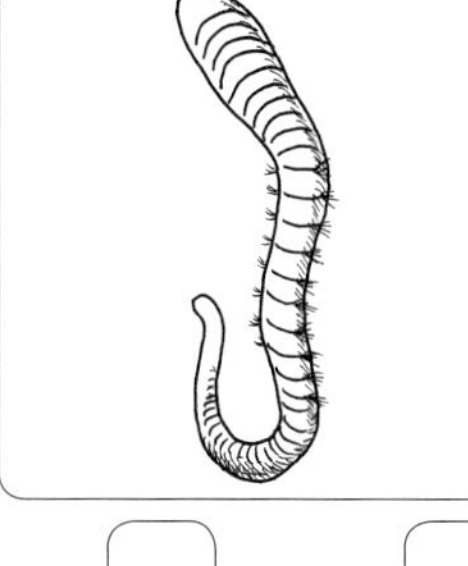

dünnes Schwanzende

Der Wattwurm lebt in einer U-förmigen Röhre etwa 20 cm tief im Wattboden. Damit die Wohnröhren nicht einstürzen, verklebt er sie von innen mit einer schleimigen Masse.

Kothäufchen

Atemloch

Wattwurm

Der Wattwurm — S. 34

Lösung: WATTWURM

Seehunde 1 — S. 35

Setze die fehlenden Wörter ein.

Seehunde sind Säugetiere. Sie haben einen langgestreckten Körper und einen runden Kopf mit großen dunklen Augen. Die Beine sehen aus wie Schwimmflossen. An Land bewegen sich Seehunde plump und unbeholfen. Um vorwärts zu kommen, stützen sie sich mit den Vorderflossen ab. Im Wasser sind Seehunde schnell und wendig. Sie können 20 Minuten lang tauchen. Die Tiere ernähren sich am liebsten von Plattfischen (Schollen). Sie werden bis zu 1,80 m lang und wiegen mehr als 150 kg.
Im Wattenmeer haben diese Tiere keine natürlichen Feinde, deshalb können sie 30 bis 40 Jahre alt werden. Von Mai bis September sammeln sich die Seehunde zu Tausenden auf den Sandbänken des Wattenmeeres. Hier gebären die Jungen bei Ebbe. Schon bei der nächsten Flut gehen die Jungtiere mit ihren Müttern ins Wasser. Die Jungen werden bei Ebbe nur 4 bis 6 Wochen lang gesäugt. In dieser kurzen Zeit müssen sie sich ein Fettpolster zulegen, das sie vor Kälte schützt. Schon während der Säugezeit lernen die Jungen zu jagen. Wenn ein junger Seehund von seiner Mutter getrennt wird, stößt er heulende Klagelaute aus, um mit ihr im Kontakt zu bleiben. Deshalb nennt man die Jungtiere auch Heuler.

Das weiß ich jetzt über den Lebensraum Wattenmeer — S. 40

Lösung: S A L Z W I E S E N

Lösungen (Lebensraum Wald)

Stockwerke des Waldes 2 — S. 42

Sortiere die Pflanzen und Tiere in die Stockwerke ein.

Kronenschicht: Fichte, Tanne, Eiche, Buche, Ahorn, Eule, Baummarder
Strauchschicht: Holunder, Heidelbeere, Schlehe, Amsel, Rotkehlchen, Siebenschläfer
Krautschicht: Springkraut, Brennnessel, Fuchs, Schmetterling, Feldhase, Wildschwein
Moosschicht: Anemone, Veilchen, Fliegenpilz, Insekten, Spinne, Maus, Igel, Dachs, Eidechse
Bodenschicht: Schnecke, Ringelwurm, Assel, Tausendfüßler

Wälder unterscheiden sich 1 und 2 — S. 43/44

Betrachte die beiden Bäume. Trage die Wörter ein.

Die „Blätter“ dieses Baumes heißen
Nadeln.
Man nennt diese Bäume
Nadelbäume.

Dieser Baum verliert im Herbst seine
Blätter.
Alle zusammen nennt man Laub. Das ist ein
Laubbaum.

Benenne die Waldarten.

a) Einen Wald, in dem nur Laubbäume wachsen, nennt man **Laubwald**.
b) Einen Wald, in dem nur Nadelbäume wachsen, nennt man **Nadelwald**.
c) Einen Wald, in dem Laub- und Nadelbäume gemischt durcheinander wachsen, nennt man **Mischwald**.

Notiere Waldbäume.

Nadelbäume: Tanne, Fichte, Kiefer, ...
Laubbäume: Buche, Ahorn, Eiche, ...

Richtig oder falsch. Kreuze an.

Lösung: M I S C H W A L D

Waldbewohner — S. 48

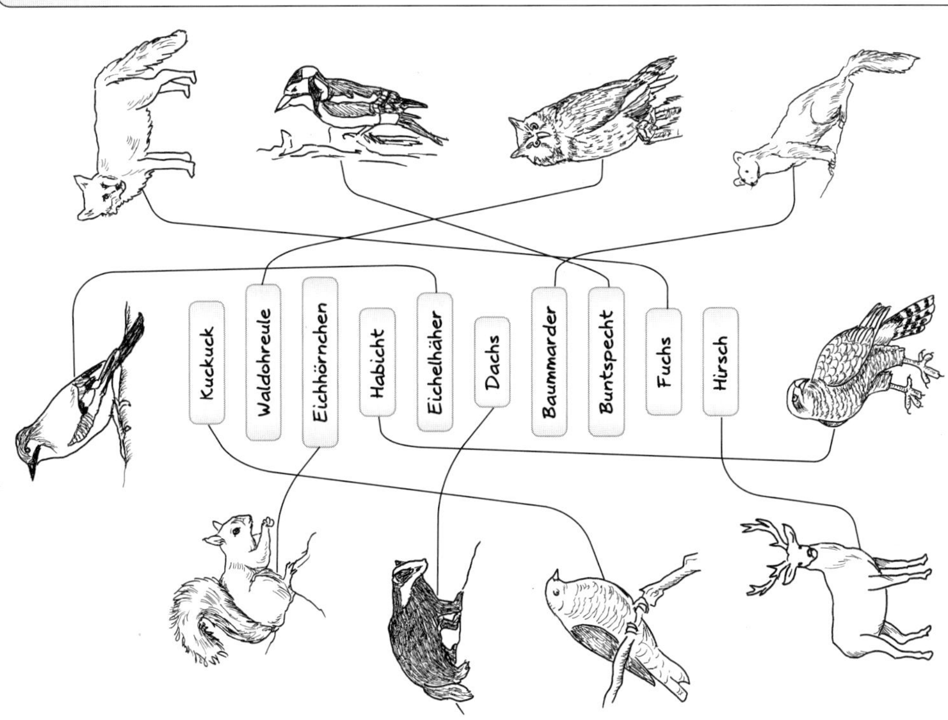

Lösungen (Lebensraum Wald)

Nichts geht verloren I und II — S. 50

Im Bild siehst du drei Nahrungskreisläufe. Setze die fehlenden Wörter ein.

1. Von Bäumen fallen Laub, kleine Äste und Früchte auf den Boden. Sie werden von Würmern, Schnecken und Kleinstlebewesen zu Humus zersetzt. Von hier aus gelangen Wasser und Nährstoffe wieder in die Wurzeln der Pflanzen.
2. Pflanzenfresser ernähren sich von Blättern, Früchten und Samen. Teile, die sie nicht verdauen können, aber auch tote Tiere, fallen auf den Boden. Daraus entsteht Humus. Diese Bodenschicht versorgt die Wurzeln der Pflanzen wieder mit Wasser und Nährstoffen.
3. Fleischfresser ernähren sich teilweise auch von Pflanzenfressern. Knochen, Haare und andere unverdauliche Teile werden ausgeschieden und fallen auf den Boden. Bewohner der Bodenschicht zersetzen diese Reste zu Humus. Aus dem Boden können Pflanzen nun wieder Wasser und Nährstoffe ziehen.

Essbare und giftige Pilze — S. 54

Zeichne bei jedem Pilz in das Kästchen: Messer und Gabel für „essbar“, einen Totenkopf für „giftig“.

Marone essbar
Steinpilz essbar
Satanspilz giftig
Champignon essbar
Knollenblätterpilz giftig
Fliegenpilz giftig
Pfifferling essbar
Birkenpilz essbar

Beim Ernten darf man den Pilz nicht aus dem Boden reißen. Man schneidet ihn zwischen Stiel und Erde mit einem scharfen Messer ab. Erkläre!

Der eigentliche Pilz ist das Pilzgeflecht. Wenn man es zerstört, konnen keine neuen Pilze daraus wachsen.

Tiere des Waldes — S. 55

Lösung: E I C H E L H Ä H E R

Wildschweine — S. 59

Setze die fehlenden Wörter ein.

Wildschweine gehören zu den größten Säugetieren, die in Mitteleuropa frei leben. Sie sind bis zu 1,60 m lang und etwa 200 kg schwer. Sie werden bis zu 20 Jahre alt. Wildschweine haben keine natürlichen Feinde. Die Männchen sind Einzelgänger. Die Weibchen leben mit ihren Jungen in sogenannten Rotten. Wildschweine sind die Urväter unserer Hausschweine. Sie haben aber längere Beine und aufrecht stehende Ohren. Wildschweine tragen ein schwarzbraunes Haarkleid mit Borsten. Männchen benutzen ihre Eckzähne als Waffen. Wildschweine sind Allesfresser. Sie wühlen im Boden und verzehren Baumfrüchte, Pilze, Käfer, Schnecken und tote Tiere. Wildschweine suhlen(wälzen) sich gerne im Schlamm. So kühlen sie ihren Körper und schützen sich vor Ungeziefer.
Tagsüber halten sich Wildschweine im Wald auf. Nachts zerwühlen sie oft Kartoffel-, Mais- und Rübenfelder. Weil sie dabei großen Schaden anrichten, werden sie das ganze Jahr über gejagt.
Vor der Geburt scharrt das Weibchen eine Mulde und kleidet sie mit Laub und Gras aus. In diesem „Wurfkessel“ werden 5 bis 6 Junge geboren und gesäugt. Ihr Fell ist braun und hat an beiden Seiten drei bis vier helle Streifen. Nach etwa drei Wochen wühlen die Kleinen schon selbst in der Erde.

Finde heraus, welche Namen es für Wildschweine gibt.

Männchen: Keiler
Weibchen: Bache
Junge: Frischlinge

Lösungen (Lebensraum Wald)

Funktionen des Waldes S. 60

Wasserreinigung:

Auf der Erde gibt es viel Wasser. Durch den Wasserkreislauf in der Natur gelangt dieses immer wieder auf den Boden. Dort versickert es langsam und wird dabei gefiltert. Waldboden reinigt Wasser besonders gut, weil er locker und luftig ist. Auch bei starkem Regen nimmt der Boden eine Menge Wasser wie ein Schwamm auf. Er speichert es und gibt es langsam ins Grundwasser ab. Außerdem ist Waldboden nicht mit Düngemitteln und anderen giftigen Stoffen belastet. Dadurch wird auch in trockenen Zeiten sauberes Trinkwasser erzeugt.

Bodenerhaltung:

Weil das Wasser nicht an der Oberfläche abfließt, sondern langsam versickert, wird kein fruchtbarer Boden abgetragen. Im Mittel- und Hochgebirge hat der Wald noch eine weitere wichtige Funktion: Die starke Durchwurzelung des Bodens schützt bei Steinschlag oder Lawinen vor Erdabtragung. Das Wurzelwerk der Pflanzen bremst das Erdreich und verhindert, dass Steine und Schnee abrutschen.

Luftreinhaltung:

Die riesige Oberfläche der Blätter des Waldes nimmt Kohlendioxid aus der Luft auf und wandelt ihn in Sauerstoff um, den Mensch und Tier zum Atmen brauchen.

Der Wald ist gefährdet S. 61

Mögliche Argumente:

Raumbedarf des Menschen: Straßenbau, Bahnlinien, Mülldeponien, Wohngebiete, …
Luftverschmutzung: Abgase von Straßenverkehr, von Kraftwerken, von der Industrie, …
Schädlinge: Insekten (Borkenkäfer), Bakterien, Pilze, Bissschäden von Waldtieren, …
Witterungseinflüsse: Hagelschäden, Trockenheit, Schneebruch, …
Forstwirtschaft: Einsatz von Chemikalien, Kahlschlag der Bäume, keine Mischwälder, …
Freizeitnutzung: Abfälle, Lärm, Waldbrände, Ausrottung seltener Pilze und Heilkräuter, …

Das weiß ich jetzt über den Lebensraum Wald S. 62

1. Dachs; 2. Myzel; 3. Stockwerke; 4. Hirschkäfer; 5. Laubbäume; 6. giftiger; 7. Sauerstoff; 8. Nadelbäumen; 9. Wurfkessel; 10. essbare

Lösungen (Lebensraum Bergwelt)

Leben in der Bergwelt **S. 63**

1. Ein bis zwei Monate
2. Sie wandern in höhere Gebiete ab. Wenn sie keine kalten Regionen mehr finden, sterben sie aus.
3. Durch ihr Freizeitverhalten: Skilifte, Skipisten, Langlaufloipen, Lärm
4. Ihr Lebensraum wird kleiner. Es gibt weniger Nachwuchs bei den Tieren.

Murmeltiere 1 **S. 65**

Setze die fehlenden Wörter ein.

Murmeltiere gehören zu den Säugetieren. Sie sind etwa so groß wie ein Hase und erreichen ein Gewicht von 5 bis 6 kg. Die Tiere mit den kräftigen Nagezähnen können bis zu zehn Jahre alt werden. Sie leben in den Alpen in einer Höhe von 1 000 bis 3 000 Metern. Ihre Nahrung besteht aus Gräsern und Kräutern der Gebirgswelt. Außerdem verspeisen sie gerne Insekten, Larven und Regenwürmer.
Murmeltiere leben paarweise und mit jüngeren Verwandten in Höhlen. Dazu graben sie lange Tunnelgänge in den Boden. Eine Murmeltierfamilie kann bis zu 20 Tiere groß sein. Manchmal kann man Murmeltiere hoch aufgerichtet vor dem Höhleneingang beobachten. Dann halten sie aufmerksam Ausschau nach Feinden. Weit hörbar ist der schrille Pfiff, den sie ausstoßen, wenn Gefahr droht. Hauptfeinde der Murmeltiere sind Steinadler, aber auch Füchse und Wölfe.
Im Sommer und Herbst fressen sich Murmeltiere eine dicke Speckschicht an, von der sie im Winterschlaf zehren. Den sechsmonatigen Winterschlaf verbringen sie im Familienverband in ihrem Bau, den sie 2 bis 3 m tief gegraben haben
Mit zwei Jahren sind Murmeltiere ausgewachsen. Nach einer Tragzeit von 5 Wochen werden 4 bis 7 Junge geboren. Sie sind anfangs nackt, blind und taub. Nach 24 Tagen öffnen sie die Augen und nach 40 Tagen verlassen sie den Bau. Nun können die Kleinen schon Gras und Kräuter fressen und werden nur noch ab und zu gesäugt.

Murmeltiere 2 **S. 66**

Richtig oder falsch? Kreuze an.

Lösung: B E R G R E G I O N

Das weiß ich jetzt über den Lebensraum Bergwelt **S. 68**

Lösungswort: E D E L W E I ß

Andreas Dick

Wos i dia wünsch

Wos i dia wünsch

Andreas Dick

SüdOst Verlag

Bibliografische Information der Deutschen Nationalbibliothek

Die Deutsche Nationalbibliothek verzeichnet diese Publikation in der Deutschen Nationalbibliografie; detaillierte bibliografische Daten sind im Internet über http://dnb.dnb.de abrufbar.
ISBN 978-3-95587-762-0

2. Auflage 2020
ISBN 978-3-95587-762-0

www.battenberg-gietl.de

Alle Fotos von Andreas Dick;
außer S. 47, 84 und 100 von Juliane Dick; S. 116 von Alex Dick

Titelabbildung: 123RF.com: gerper, verastuchelova

Inhaltsverzeichnis

Ein Wort voraus

Auch in meinem vierten Buch bin ich mir treu geblieben, in Hochsprache über den ganz normalen, persönlich erlebten Alltag zu erzählen, der vieles in sich birgt: Glück, Frohsinn, Enttäuschung, Schmerz. Jedoch ist mir in meinen Geschichten immer wichtig: Nicht das Traurige, das Leid, die Mühsal dürfen unser Dasein bestimmen, sondern die Freude am Leben. Und so sprühen meine Anekdoten des Alltags nur so vor Heiterkeit und schenken gute Laune, Zuversicht und Trost.

Dazwischen eingestreut, laden gepflegte, feinsinnige Mundartgedichte zum Nachdenken und Innehalten ein und zeigen, wie einfühlsam und anrührend unser bairischer Dialekt ist.

So wünsche ich viele schöne, heitere und stille Momente beim Lesen – und stets einen lieben Menschen, der Ihnen auch in schwierigen Zeiten als Freund zur Seite steht.

Herzlichst
Ihr Andreas Dick

Suach ned immer …

Suach ned immer
noch'm großn Glück
und jammerd rum,
weil du's ned findst.

Suach stattdessen
noch'm Quanterl Glück,
dann host vui Freid,
weils d' des oft findst.

Das leidige Einkaufen!

Heilfroh bin ich jedes Mal, wenn ich endlich vor meinem Auto stehe und den Inhalt des Einkaufswagens im Kofferraum verstauen kann. Heilfroh, denn das Einkaufen ist mir zutiefst zuwider. Besonders grauenhaft finde ich den Weg ins Lebensmittelgeschäft vor Feiertagen, wie Ostern, Pfingsten oder Weihnachten, wenn die Großeinkäufe getätigt und die Supermärkte regelrecht „geplündert" werden, als würde der Weltuntergang unmittelbar bevorstehen. Still und ruhig und friedvoll geht es da nicht zu, im Gegenteil, an solchen Tagen herrscht fast schon Krieg in den Geschäften. Aber auch die „normalen" Einkaufstouren stellen für mich eine leidige Tätigkeit dar. Plan- und ziellos irre ich oft in den stark frequentierten und engen Gängen des Supermarktes herum und suche mühselig zusammen, was auf meinem Zettel steht, denn irgendwie erscheint es mir, dass das Sortiment absichtlich wöchentlich umgeräumt wird, damit ich ja viel Zeit hier verbringen muss. Habe ich dann alles beieinander, kommt das furchtbare Anstehen an der Kasse. Natürlich sind von drei, nur zwei Kassen besetzt, und wird dann, weil die wartenden Schlangen mittlerweile den Eingang des Geschäftes blockieren, die dritte geöffnet, rasen wie auf Autobahnen so schnell und rücksichtslos Einkaufswagen dorthin, um möglichst den vordersten Platz zu ergattern. Ich bleibe da lieber in meiner Reihe und warte geduldig darauf, meine Waren auf das Laufband legen zu können. Aber irgendwie scheine ich dann das Pech gepachtet zu haben, wie anders ließe sich sonst erklären, dass ausgerechnet vor mir, nicht an den anderen Kassen, nein, vor mir, sich einer dieser Kundentypen befindet, der mich regelrecht zur Weißglut treibt!

Einer davon ist der *„Moment, i glaub, i hobs passend!-Typ“*. Alle seine Waren sind erfasst, die Kassiererin meint freundlich: „Des macht 27,98 Euro, bitte!“ Und jetzt kommt sein großer, langer Auftritt: Umständlich kramt er in seinem Portemonnaie nach Kleingeld, die Kassiererin hält ihm bereits ihre Hand ausgestreckt hin, und nun legt er ganz bedächtig Geldstück um Geldstück auf diese und zählt dabei laut mit: 27,93 ... 27,94 ... 27,95 ... 27,96“ ... er stockt, zuckt kurz, wühlt hektisch in seinem Geldbeutel, hält nach einer gefühlten Ewigkeit triumphierend ein 1-Cent-Stück in die Höhe, gibt es laut zählend „27,97 ...“ in die schon zitternde Hand der Dame an der Kasse, stockt wiederum, wühlt erneut in seiner Börse, glotzt, grinst und krächzt: „Ja verreck, do geht ja no oana ob! Ah, dann zoih i hoit mitm Hunderter!“

Es gibt aber auch noch den *„Mei, iatz hob i an Butter vergessn!-Typen“*. Dies bemerkt er natürlich erst an der Kasse, dreht sich zu mir um und fragt: „Gej, Sie habn nix dagegn, wenn ich den schnej no hoi? Bin aa glei wieder do!“ Meine Antwort nicht abwartend, hastet er davon, erkennt, dass er nicht nur die Butter übersehen hat, sondern ebenso andere Lebensmittel, die er auch „schnell“ miteinsammelt, bis er nach vielen vergangenen Minuten keuchend die Kasse erreicht.

Zum mehrmals tief Durchatmen ist der *„Ja, gibts des aa, iatz foit mia mei Geheimzahl nimmer ein!-Typ“*, der zig Male die Nummer seiner Kreditkarte falsch eintippt, sodass der Vorgang jedesmal abgebrochen und neu gestartet werden muss, bis er kopfschüttelnd zur Kassiererin ruft: „Des is mia aa no nia passiert!“

Nervtötend sind ebenso die Leute, die hinter dir stehen, dich plötzlich antippen und ganz *süaßlat* fragen: „Macherts Eahna etwa wos aus, wenn S’ mi vorlassn daatn? Ich hob ned vui zum Zoihn!“

Habe ich dann doch unvermutet das unglaubliche Glück, dass keiner dieser besonderen „Kundentypen“ vor oder hinter mir steht, sitzt entweder eine Auszubildende an der Kasse, die ständig die falschen Preise eingibt und ihre Kollegin zum Stornieren ausrufen muss, oder – die blöde Kassenrolle ist zu Ende, und zeitaufwendig muss eine neue eingelegt werden.

Ja, heilfroh bin ich jedes Mal, wenn ich endlich vor meinem Auto stehe und den Inhalt des Einkaufswagens im Kofferraum verstauen kann!

A Hund is a ...

Endlich stehe ich wieder vor meinem Auto und verstaue die eingekauften Sachen im Kofferraum, als sich ein lieber alter Bekannter zu mir gesellt. Wir kennen uns vom Gassi-Gehen, und somit reden wir natürlich sofort von unseren Hunden. Seine Hündin „Cindy" war kürzlich verstorben, und obwohl er und seine Ehefrau bereits an die 80 Jahre zählen, berichtet er mir, hätten sie sich wieder einen Hund zugelegt, schon betagt und aus Rumänien stammend. Natürlich seien sie dadurch abermals sehr angehängt, und die Wahrscheinlichkeit, dass der Hund sie vielleicht beide überleben werde, sei durchaus gegeben.

„Ja, i konn Sie guad versteh!", erwidere ich, zumal auch wir uns vor Jahren von unserem Hund „Beppo" verabschieden mussten. „Do geht scho gewaltig wos ab, wenn koa Hund mehr im Haus is!", rede ich weiter, „alloa, wenn ma hoam kimmt, der gfreit si immer – im Gegensatz zu manche Ehepartner!" Und dann erzähle ich ihm, dass wir damals bereits drei Monate später unseren neuen Hund „Gustl" zu uns geholt hatten. Natürlich erfordert ein Hund viel Aufmerksamkeit, Pflege, man ist gebunden, muss bei jedem Wetter Gassi-Gehen, zum Tierarzt und vieles vieles mehr. „Aber", so sinniere ich laut weiter", „ohne Hund wärs einfach trostlos, denn a Hund is a ...", ich suche nach dem richtigen Wort, Begriffe wie *Gefährte, Freund, Kamerad* würden abgetroschen klingen und in keinster Weise das treffen, was ich ausdrücken will. So suche ich weiter, wiederhole noch einmal den unvollständigen Satz: „A Hund is a ..." ... „Hund", meint nüchtern mein Bekannter, und beide müssen wir über die simple, aber treffende Feststellung herzhaft lachen.

So schwer zum Sogn

So schwer zum Sogn
foit oft des Wort,
ned nur bei uns,
überoi, an jedm Ort.

Bis's gsprocha is,
liegts schwer im Mogn,
und mancha konns
sei Lebdooglang ned sogn.

Es fordert Mut, Charakterkraft,
kost Überwindung, dass mas spricht;
doch is' moi gsogt, besitzts de Macht,
dass sejbst a Herz aus Stoa zerbricht.

Mit Leichtigkeit füllts Gräbn auf –
ganz gleich wia diaf,
und wundersam biagts wieder grod –
ganz gleich wia schiaf.

Es bringt an Friedn zruck und Einigkeit,
versöhnt – ob reich, ob arm, ob oid, ob jung.
Drum sprech mas einfach öfters aus,
des Wort, es hoaßt: Entschuldigung!

Wer is denn nur de Frau?

Ist Ihnen das auch schon passiert? Sie werden von jemandem überschwänglich begrüßt, erwartungsvoll angelächelt, aber Ihnen will partout nicht einfallen, wer sich da gerade vor Ihnen befindet. Noch schwieriger wird es, wenn Sie die Person jahrzehntelang nicht mehr gesehen haben und sich diese vom Aussehen her naturgemäß verändert hat. So neulich mir, als ich in Straubing war. Ich betrete beschwingt ein Frisör-Geschäft in der Aprilgasse, hänge meinen Mantel an die Garderobe, als mich aus einem Coiffeurstuhl überlaut eine Stimme anspricht: „Ja, der Andreas, mei, di hob i ja scho lang nimmer gsehng!" Überrascht drehe ich mich der Stimme zu und sehe in ein Frauengesicht, das mir überhaupt nicht bekannt vorkommt! Ich studiere und studiere und studiere. Sie hat langes, schwarzes Haar, gefärbt, und etwa mein Alter, ich hoffe, ich beleidige die Dame jetzt nicht. Nur – ihr Gesicht weckt in mir in keinster Weise irgendwelche Erinnerungen. „Kennst d' mi denn nimmer?", fragt sie mich sichtlich enttäuscht, als ich null Reaktion zeige. „Wer is denn nur de Frau?", überlege ich krampfhaft, doch mein Gedächtnisverlust bleibt. Um Zeit zu gewinnen, schwindle ich: „Freilich kenn i di! Mir foit iatz bloß dei Nam ned ei!" Wieder fixiere ich sie – nichts! „I bins, Petra!" „Ah, d' Petra", flöte ich durchs Geschäft und klatsche mir dabei mit der Hand theatralisch an die Stirn, „ja freilich, iatzad, d' Petra! Mei so a Überraschung, mia habn uns ja scho ewig nimmer gsehng!" Nochmals mustere ich intensiv die Person. „I kenn koa Petra!", saust es mir im Kopf herum, aber, um mir keine Blöße zu geben, sage ich scheinheilig: „A so a nette Überraschung! Du host di ja überhaupt ned verändert!" Dass ihre Tränensäckchen altersbedingt schon etwas ausgeprägter sind und ihre Haut nicht mehr einem zarten Apriköschen gleicht, verschweige ich als Gentleman natürlich. „Wia lang is iatz des her, dass mia uns nimmer gsehng habn?", frage ich, immer noch völlig ahnungslos, welche Person da gerade mit mir spricht. „Scho ewig! I glaub, do reichan 25 Jahr ned!" „Wia de Zeit vergeht!", philosophiere ich kopfschüttelnd und krame in allen Schubladen meines Gedächtnisses herum, ob nicht doch irgendwo eine Petra zum Vorschein kommt – nein, leider nicht! Zum Glück gibt sie mir den entscheidenden Hinweis: „'s letzte Moi habn mia uns beim Robert troffa!" Jetzt hatte ich endlich einen konkreten Anhaltspunkt, woher wir uns kennen mussten, nämlich von meiner früheren Arbeitsstätte, bei der wir beide vor vielen Jahren als Lehrkräfte gearbeitet hatten. Und ganz langsam kam die Erinnerung wieder zurück, der Name fügte sich allmählich zu einem Gesicht, zu dem Gesicht von anno dazumal, das mit dem heutigen so gar nicht identisch war. „Und host no dei Nachhilfeschui in Regnsburg?", plaudert sie munter weiter. Ich nicke. „Guad zu wissen, weil d' Lydia unterricht dort an der FOS, und de suacht für ihre Schüler ab und zua Nachhilfelehrer! D' Lydia, de kennst d' scho no oder?" „Ja, klar kenn i d' Lydia no, de hod Deutsch und Latein gebn!", rufe ich freudig aus, denn mein Gedächtnis funktionierte scheinbar wieder. Doch wie entsetzt war ich, als sie humorlos meinte: „Na, Englisch und Französisch!"

Froh war ich, als mir endlich ein freier Stuhl zugewiesen wurde, und wir somit unser Gespräch beenden mussten. Ich sagte nur noch: „Schee, dass ma uns amoi wieder gsehng habn!", und ließ mich dankbar auf meinem Platz nieder. Aber irritiert war ich schon, dass manche Menschen sich wie Dampf aus dem Gedächtnis verflüchtigen, doch auch darüber, wie sich Menschen im Laufe der Jahre äußerlich verändern – nur ich natürlich nicht!

Rache ist süß

Einmal war ich an einem späten, lauen Sommernachmittag zu einem Ratsch bei einer guten alten Bekannten eingeladen. Sie tischte dazu leckeren Wurstsalat auf, frische Brezen und ein süffiges, kühles Bier. Da wir uns lange nicht gesehen hatten, unterhielten wir uns angeregt über dies und jenes, und so war es bis zu diesem Zeitpunkt ein sehr kurzweiliges Beisammensein. Nach einer Weile war auch schon das erste Bierchen gezwitschert und ein zweites wartete - zu meiner großen Freude - in unseren Gläsern darauf, getrunken zu werden. Wie im Flug verging die Zeit, der Abend hatte sich bereits eingestellt, und Langeweile kam immer noch nicht auf, denn der Gesprächsstoff schien nicht auszugehen. Mittlerweile erzählte mir die Dame des Hauses von ihrem letzten Urlaub. Mit einem Busunternehmen habe sie bekannte Seen im Salzkammergut angefahren, etwa den Mondsee, Attersee, Wolfgangsee bis hin zum Hallstättersee. Da ging - ähnlich wie eine Blüte im Sonnenschein - mein Herz auf, denn viele unvergessliche Ferientage hatte ich zusammen mit meinen beiden Kindern dort erlebt, diese Region ist für uns eine zweite Heimat geworden, und immer kommen wir ins Schwärmen, wenn irgendwer auf dieses schöne Fleckchen Erde zu sprechen kommt. Scheinbar muss meine Bekannte mein Leuchten in den Augen gesehen haben, denn sie fragte mich, ob ich vielleicht ihre Urlaubsfotos sehen möchte, und natürlich wollte ich das. Augenblicklich baute sie ihren Laptop auf und eine gut einstündige Reise-Schilderung folgte - optisch bereichert mit unzähligen Fotos. Ach, war das schön, ich schwelgte in Erinnerungen und nahm mir fest vor, baldmöglichst den ein oder anderen malerischen Ort im Salzkammergut aufzusuchen.

„Mei, san des tolle Buidl gwen!“, meinte ich anerkennend, „du bist ja a hervorragende Fotografin!“ Sie lächelte bescheiden und fragte mich, ob ich denn noch ihre Aufnahmen vom Ibiza-Urlaub sehen wolle. Wohlerzogen wie ich bin, nickte ich artig, und eine weitere Stunde verging, denn sie schien alles geknipst zu haben, was ihr vor die Linse kam. Es waren wiederum beeindruckende Naturfotos, aber auch zig Fotos von Mitreisenden, die mir natürlich völlig fremd waren, und das kann auf die Dauer ermüdend und langweilig werden, ständig unbekannte Menschen ansehen zu müssen. Ich blickte etwas auffällig auf meine Uhr, doch meine Gastgeberin war in einem solchen Foto-Herzeige-Rausch, dass nun ihre Südafrikareise an die Reihe kam. Drei Wochen verlebte sie dort und dementsprechend viele Bilder hatte sie geschossen. Ich lernte ausführlich das Land via Fotos kennen, etwa den Krüger-Nationalpark im Landesinneren mit seinen Wildtieren (gefühlt 100 verschiedene Elefanten-, Zebras-, Büffel- und Giraffenaufnahmen öffneten sich mir am Laptop), die weiten Strände am Westkap (alle Sandkörner und Muscheln fotografiert), kilometerlange Weinberge rund um Stellenbosch und Paarl (Gott sei Dank war die Lese schon vorbei, ich denke, sonst hätte ich jede Traube einzeln gesehen), schroffe Felsen in unterschiedlichsten Abbildungen am Kap der Guten Hoffnung, Wälder und Lagunen entlang der Garden Route sowie Kapstadt, und dass diese Millionenmetropole nochmals abertausende Fotomotive liefert, brauche ich nicht extra zu erwähnen. Kommt Ihnen das bekannt vor? Sie sind zu Besuch und dann kramt irgendwer ein Fotoalbum hervor, und, weil es so schön!? und unterhaltsam!? war, noch eines und noch eines und ein weiteres - bis zum allerletzten. Das ist nervtötend! So erging es mir an diesem Abend, der so nett mit einem Wurstsalat, frischen Brezen und einem kühlen Bier begonnen hatte. Und ob Sie es glauben oder nicht, irgendwann waren die Fotos tatsächlich alle gesehen, und weit nach Mitternacht konnte ich mich endlich verabschieden. In meinem Kopf brummte es, als würde ein Schwarm Hornissen darin herumfliegen, und wie gerädert saß ich im Auto. Aber - bei der Heimfahrt heckte ich einen teuflischen Plan aus, denn Rache ist süß, das nächste Mal lade ich die Dame zu mir nach Hause ein - und dann lese ich ihr in einem Guss alle meine vier Bücher vor.

Wos waar de Wejt doch schee

Wenn goldngeib de Sonn am Himme prangt
und da Wind verspuit nach Gräser langt,
wenn de oidn Baam sich knarrend biagn
und de Vögerl übermütig über d' Wipfln fliagn,
wenn de weichn Woikn staad ins Land neiziahng -
dann fühlst di wohl und dankst deim Glück,
dass du auf dera Wejt geboren bist.

Wenn flink a Eidechs über Stoana flitzt
und a Maulwurf kurz vom Bodn rausspitzt,
wenn Spotzn frech um Krüml streitn
und Antn schnatternd übers Wasser gleitn,
wenn sacht da Fluss ans Ufer schmatzt -
dann bist d' verzückt und dankst deim Glück,
dass du auf dera Wejt geboren bist.

Wenn d' Dämmerung am Doog nochwinkt
und da Horizont im Abendrot versinkt,
wenn bei jedm Stern as Liacht ogeht
und da Mond kreisrund am Himme steht,
wenn Johanniskäfer hell durchs d' Dunkl schwebn -
dann dankst deim Glück und wünscht,
du kaanst auf dera Wejt do länger lebn.

Ja, wos waar de Wejt doch schee -
wenn bloß da Mensch ned waar.

100 Jahre jung

In meinem Buch *Wohin dei Weg di führt* habe ich bereits eine amüsante Geschichte über meine Großmutter geschrieben, eine Frau, der ich höchsten Respekt entgegenbringe, denn es gibt selten Menschen, die ihr Dasein auf Erden in einer so bewundernswerten Weise meistern wie meine Oma. Es begegnen einem oft Leute, die man nur jammern hört und die sich in einer Tour selbst bemitleiden, weil sie glauben, ihr Leben wäre besonders schwer, sie müssten ein Übermaß an Leid und Belastungen ertragen. Hin und wieder lernt man aber auch Menschen kennen, die sich klaglos den täglichen Herausforderungen stellen und dem Leben, selbst wenn es sich ungerecht, hart und erbarmungslos zeigt, immer etwas Positives abgewinnen. Zu diesen gehört meine Großmutter. Sie erlebte zwei Weltkriege, zog drei Kinder in Zeiten bitterster Entbehrungen und Gefahren auf, werkelte unermüdlich im Handel für Rohprodukte ihres Mannes mit, pflegte und begleitete in schwerer Krankheit ihren Ehepartner, bezog im Alter von 88 Jahren aus eigenem Willen ein Zimmer im Seniorenheim, trug ihren jüngsten Sohn zu Grabe und erträgt bis heute die vielen kleinen und großen Wehwechen des Älterwerdens mit Würde, Geduld und einer beispiellosen Selbstverständlichkeit. Bewundernswert diese außergewöhnliche Frau!

Am 19. September 2017 feierte meine Großmutter ihren 100. Geburtstag – mit ihren beiden Kindern, Enkeln und Urenkeln. Wir gingen in ein Gasthaus, wo wir sie viele Male hochleben ließen, und wir konnten es nicht fassen, dass eine Frau in diesem hohen Alter noch so rüstig und schlagfertig sein kann. „Oma, es is einfach unglaublich, wia du no fit bist", so eine Bemerkung eines Familienmitgliedes. „Ja!“, stimmte sie zu, „und vor allem do!“ Sie klopfte sich mit dem ausgestreckten Zeigefinger dreimal auf die Stirn, „des is des wichtigste. „Verrat uns, wia ma so oid wiard!“, eine Frage. „Mit Humor!“, ihre Antwort. Und dann wollte noch jemand wissen, ob sie im Seniorenheim heute Vormittag schon gebührlich gefeiert worden sei. Entrüstet erwiderte meine Oma: „Wos hoaßt da Seniorenheim, schau mi o, i wohn in einem Jugendwohnheim!“

Natürlich ist so ein Tag für eine Frau in diesem biblischen Alter äußerst anstrengend, und natürlich lässt mit 100 Jahren das Kurzzeitgedächtnis hie und da schon mal nach. So kam es, dass die Jubilarin von Zeit zu Zeit die lange Festtagstafel entlangsah und fragte: „Warum san denn heid so vui Leut da?“, und jedes Mal bekam sie die selbe Antwort: „Weil du Geburtstag host, Oma!“ Daraufhin wollte sie wissen: „Wia oid werd i denn?“ „100!“ Sie schüttelte ungläubig ihren Kopf und rief: „Um Gottes Wuin!“, worauf wir alle, einschließlich unsere Großmutter, in ein herzhaftes Lachen einstimmten.

Gedankn zum Geburtsdoog

Wieder is a Johr vorüberzogn,
wia im Nu is d' Zeit verflogn.
Erbarmungslos und mäuserlstaad
hod si mei Uhr des Lebens weiderdraaht.

Sie tickt und tickt, doch macht s' koan Schlog,
der mi moi mahnt: „Verdua ned d' Doog!“,
der mia bewusst macht: „Nutz dei Zeit!“,
der mi erinnert an mei Endlichkeit.

Wieder is a Johr vorüberzogn,
wia im Nu is d' Zeit verflogn.
Erbarmungslos und mäuserlstaad
hod si mei Uhr des Lebens weiderdraaht.

Wos war des Johr doch bunt an Lebn,
es hod vui Höhen und aa Tiefen gebn,
moi hod a Sturm tobt und da Bodn bebt,
moi hob i strahlend scheene Doog erlebt.

Manch Ereignis hod mi stark berührt,
den Schmerz des Abschied nehma hob i gspürt,
i hob vui neie Menschn kennaglernt
und manche habn si weit von mia entfernt.

Ja, wieder is a Johr vorüberzogn,
wia im Nu is d' Zeit verflogn.
Erbarmungslos und mäuserlstaad
hod si mei Uhr des Lebens weiderdraaht.

Und doch is' recht, wias Lebn so spuit,
moi engerlsanft, moi deifeswuid.
Man muaß nur positiv in d' Zukunft schaun,
a wengerl auf sei Glück vertraun –
und ned daschrecka, wia des neie Alter klingt –
Drum, i gfrei mi drauf, wos 's nächste Johr mia bringt!

Geburtstagsgrüße aus dem Jenseits

Es ist über 35 Jahre her, als wir uns kennengelernt haben. Ich besuchte in Freising das Camerloher Gymnasium und wohnten im gegenüberliegenden Schülerheim im zweiten Stock. Hier verrichtete sie ihre Arbeit als Reinigungskraft und brachte jeden Tag aufs Neue wieder in Ordnung, was wir Schüler unbedacht in Unordnung gebracht hatten. Sie war zu allen freundlich, aufgeschlossen, und man konnte mit ihr herzhaft lachen, aber auch ernste Gespräche führen. Sie war die gute Seele im Internat, und jeder, der Probleme hatte, fand bei ihr ein offenes Ohr. Etwa 20 Jahre älter als ich war sie, und wir verstanden uns vom ersten Tag an so gut, dass sie für mich schon bald eine mütterliche Freundin wurde, die mir während meines Schülerheimaufenthaltes mit Rat und Tat zur Seite stand. Und das war nicht selten der Fall, denn in jungen Jahren plagen, ja, quälen einen oft und viele Probleme. Der Kontakt riss auch nicht ab, als ich mein Abitur bestanden hatte, zuerst in München, dann in Regensburg studierte. Mein Leben veränderte sich zunehmend, Beruf, Familie, Umzug nach Neutraubling, später Wenzenbach, aber eines blieb immer gleich: die freundschaftliche und herzliche Verbindung zu ihr. Wir riefen uns an Weihnachten an, und niemals vergaß einer den Geburtstag des anderen. Und am Ende jeden Telefonates nahmen wir uns fest vor, uns bald einmal zu treffen, um über die alten und neuen Zeiten ausführlich plaudern zu können, denn seit meinem Weggang aus Freising hatten wir uns nicht mehr gesehen. Ja, es verging kein Geburtstag, an dem wir uns nicht gratulierten. Vor etwa neun Jahren dann erkrankte sie unheilbar an Krebs, aber nie verlor sie ihren Lebenswillen, Humor, ihre Herzlichkeit, und sie war immer zuversichtlich, den

Kampf gegen diese heimtückische Krankheit gewinnen zu können. Eine unendliche Stütze waren ihr ihr Mann, ihre Tochter und Enkelkinder, die sie, und das gibt es tatsächlich auch in unserer heutigen so gefühllos gewordenen Welt noch, aufopferungsvoll, selbstlos und mit unendlicher Liebe in dieser so langen und schweren Zeit begleitet, Mut zugesprochen, getröstet, letztendlich gepflegt haben. Leider verhinderte die Krankheit immer wieder ein Wiedersehen, denn Schmerz und Leid waren ihre ständigen Begleiter, und so gezeichnet wollte und konnte sie sich vor mir nicht zeigen. Aber – wir riefen uns an, wie gesagt, an Weihnachten und unseren Geburtstagen. Und jedesmal war ich erleichtert und freute mich, wenn am 29. März auf dem Display des Telefons ihr Name aufleuchtete, denn dann wusste ich, dass die Krankheit noch nicht gesiegt hatte. So auch an meinem 53. Geburtstag, es war ein Mittwoch. Das Telefon läutete, ich sah ihren Namen, lächelte und hob beglückt den Hörer ab. Doch nicht ihre Stimme war zu hören, sondern die ihres Mannes. Und er hätte in diesem Augenblick nichts sagen müssen, im Herzen gab es mir einen tiefen Stich, denn ich wusste sofort, was er sogleich aussprechen wird: „Andi, mei Frau is gstorbn; letzten Sonntag!“

Eigenartig war, dass er mir die traurige Nachricht genau an meinem Geburtstag mitteilte und auch noch zu der Zeit, zu der sie mich sonst immer angerufen hatte, nämlich am frühen Abend. Und irgendwie hatte ich das Gefühl, als ob sie mir, da sie es selbst nicht mehr konnte, ein letztes Mal durch ihren Mann Geburtstagsgrüße übermitteln wollte.

Du bist bei mia

Aa wenn du nimmer bei mia bist,
so san d' Gedankn stets bei dia,
i trog di diaf im Herzn drin,
du bist so fern – und doch bei mia.

Aa wenn du nimmer bei mia bist,
so lebst du weider in mia fort,
wo du aa immer sei mogst,
i siehg dei Spur an jedm Ort.

Aa wenn du nimmer bei mia bist,
so bleibt für mi de Zeit mit dia,
Erinnerungen spendn Trost –
du bist zwar fern – und doch bei mia.

Zvui – sauber zvui!

Eigentlich hatte ich nicht mehr vor, noch ein viertes Buch zu schreiben. Einerseits glaubte ich, ein weiteres könnte ich meinen Mitmenschen, insbesondere meinen beiden Kindern, Juliane und Alex, nicht mehr antun, andererseits verhinderte auch eine langanhaltende Schreibblockade – ausgelöst durch private Turbulenzen -, dass ich Lesenswertes aufs Papier bringen konnte. Doch – wie habe ich in einem meiner Gedichte philosophiert:

... Lass di niamois unterkriagn,
schwarze Woikn, sie verfliagn,
und an dem Doog, wos 's Unglück weicht,
do wird oiss Schwere federleicht ...

Diese Zeilen habe ich beherzigt und mein Leid abgeschüttelt wie unser Pudel „Gustl" die Regentropfen aus seinem Fell. Und seitdem sprudelten zu meiner großen Freude wieder Worte aus mir heraus, ich konnte sie zu amüsanten Geschichten und gefühlvollen Gedichten schnüren, sodass tatsächlich ein weiterer Band entstanden ist.

Aber scheinbar war die Freude nur auf meiner Seite. Ich erinnere mich noch gut daran, als die ersten Texte fertig waren, und ich Juliane, die gerade im Wohnzimmer saß und für ihren Medizinertest lernte, eines Abends überschwänglich erzählte, dass mir das Schreiben endlich wieder leicht fällt. Enthusiastisch fragte ich sie: „Woaßt scho, wie vui Gschichtn i fürs neie Buch hob?"

„Zvui – sauba zvui!", war ihre schonungslose Antwort.

Und auch Alex' Begeisterung über meinen wiedererlangten Schreibfluss hielt sich stark in Grenzen. Nächtens bin ich noch auf, abermals im Wohnzimmer sitzend, als er, ebenso noch nicht im Bett, hereinkommt und verwundert fragt: „Wos machst denn du no do?" „Dichtn", meine Antwort, „i bin momentan so im Dichtn drin!" Augen verdrehend, meint mein Sohn resignierend: „O mei, wahrscheinlich werdns no zehn Büacher!"

Da Hochzeitsdoog

's oide Ehepaar schlurft Hand in Hand,
de Rückn krumm, den Donaudamm entlang.
Auf ihre Gsichter liegt a seligs Lächeln,
denn ganz von fern hörn sie an Glocknklang.

Er klingt so schee wia einst vor 70 Johr –
do is' de Hochzeitsglockn gwen.
Verliebt de Braut, verliebt da Mo –
habn sie sich 's Eh'versprechn gebn.

Da Mo druckt sanft de Hand der Frau,
ois möcht er sogn: Do – hörst d' as schlogn?
Sie läut wia damois nur für uns –
und jedn Doog daat i di wieder frogn!

Ewige Liebe habn sie sich gschworn
und Treue bis zum Tod,
dass s' füreinander do san,
erst recht in schwerster Not.

’s oide Ehepaar schlurft Hand in Hand,
de Rückn krumm, den Donaudamm entlang.
Auf ihre Gsichter liegt a seligs Lächeln,
denn ganz von fern hörn sie an Glocknklang.

’s ganze Lebn lang habn sie gschuft,
– woaß Gott – der Alldoog war ned immer leicht.
Doch jeder hods im Herzn gspürt,
der Oane nia vom Andern weicht.

Sie habn stets Achtung voreinander ghabt,
und warn auf Ehrlichkeit bedacht.
Sie habn geteilt ob Schmerz, ob Glück,
mitnand habn s’ gwoant, mitnand habn s’ glacht.

Freilich, habn sie aa moi gstrittn
und ausseplärrt ihr Wuat,
doch immer habn s’ vorm Bettgeh gsogt:
„Iatz kimm, so san ma wieder guat!“

's oide Ehepaar schlurft Hand in Hand,
de Rückn krumm, den Donaudamm entlang.
Auf ihre Gsichter liegt a seligs Lächeln,
denn ganz von fern hörn sie an Glocknklang.

Heit san sie oid und schwach und grau,
drum genießn s' no de Gnadnzeit,
de sie gemeinsam do auf Erdn san,
bis dann moi hoaßt: Iatz is' soweit!

Doch vorm Tod habn sie koa Angst,
er begleitet oan durchs ganze Lebn,
ihr Glaubn schenkt eahna Zuversicht:
Im Himme werds a Wiedersehen gebn.

Und d' Frau druckt sanft de Hand vom Mo,
ois möcht sie sogn: Do – hörst d' as schlogn?
Sie läut wia damois nur für uns,
Ja, i mog!, *des daat i jedn Doog aufs Neie sogn!*

's oide Ehepaar schlurft Hand in Hand,
de Rückn krumm, den Donaudamm entlang.
Auf ihre Gsichter liegt a seligs Lächeln,
denn ganz von fern hörn sie an Glocknklang.

Von jung bis sauoid

Wie schnell die Zeit vergeht, wird einem oft dann bewusst, wenn in den Medien irgendwelcher außergewöhnlicher Ereignisse erinnert wird, sei es der sich jährende Todestag eines Prominenten oder das Gedenken an politische, sportliche, kulturelle beziehungsweise gesellschaftliche Ereignisse. Gönnen Sie sich einmal den Spaß und raten mit Ihrer Familie, wie lange gewisse Geschehnisse bereits zurückliegen, etwa der Tod der Sänger Elvis Presley (1977), Bob Marley (1981), Freddie Mercury (1991), Udo Jürgens (2015), wann hatte Diana, die Königin der Herzen, ihren tödlichen Verkehrsunfall (1997), im selben Jahr verstarb übrigens auch Mutter Teresa. Die Deutsche Einheit bekommen wir – so hoffe ich – noch hin (1990), aber wann machte Willy Brandt den berühmten Kniefall von Warschau (1970), welche Jahreszahl steht für die Befreiung der Passagiermaschine „Landshut" in Mogadischu durch GSG 9 Beamte (1977) und in welchem Jahr standen Helmut Kohl und François Mitterrand Hand in Hand als Zeichen der Versöhnung über den Gräbern gefallener Soldaten von Verdun (1984)? Wissen Sie noch die Jahreszahl, als der damals 17-jährige Boris Becker zum ersten Mal Wimbledon gewann (1985), Michael Schumacher seinen ersten Formel-Eins Weltmeistertitel einfuhr (1994)? Hätten Sie das Jahr gewusst, in dem Heinrich Böll den Nobelpreis für Literatur erhielt (1972)? Wann wurde EU-weit die Zeitumstellung eingeführt (1980 – wann wird sie endlich wieder abgeschafft?!), Viagra gibt es seit 1998 und im Jahr 2011 heiratete Prinz William seine Catherine Middleton. Ich könnte endlos weiteraufzählen, immer wieder schüttelt man ungläubig den Kopf, wenn man hört, wie viele Jahre seitdem bereits vergangen sind.

Aber auch runde Geburtstage, Jubiläen oder einfach einschneidende Begebenheiten in und mit der Familie mahnen einen, dass Zeit nicht endlos für uns ist. Ich erschrecke hie und da, wenn ich daran denke, in welchem Alter meine Kinder mittlerweile sind; war nicht erst die Geburt, der Kindergarten, der erste Schultag, Kommunion, Firmung, Schulabschluss …? Doch, Gott sei Dank, die Jahre vergehen, aber die Erinnerungen bleiben, Erinnerungen, die das Leben bunt, schön, reich, mitunter auch schmerzlich machen. So werde ich etwa nie den 09.09.2013 vergessen, an diesem Tag begann Juliane eine Lehre als Arzthelferin in Regenstauf. Schon von klein auf wollte sie Ärztin, genauer gesagt, Chirurgin werden, und jedes Mal, wenn im Fernsehen viel Blut zu sehen war, klebte Klein-Juliane vorm Bildschirm, stocherte mit ihrem Finger wild an der Mattscheibe herum und rief begeistert: „Uuui!" Dabei glänzten ihre Augen, während ich mich jedes Mal schaudernd vom Gezeigten abwandte. Da sie den Numerus clausus, der für ein Medizinstudium momentan bei etwa 1,1 liegt, ganz, also wirklich ganz knapp verpasst hatte, begann sie, wie erwähnt, diese Lehre, denn dadurch konnte sie die lange Wartezeit auf einen Studienplatz sinnvoll nutzen. Schon am zweiten Tag besuchte sie die Berufsschule, und abends erzählte sie davon. Sie habe sehr nette Lehrer, strahlte sie, auch zwei Mitschüler seien dabei, der Rest weibliche Mitstreiterinnen. Ich nickte und freute mich, denn alles war bestens angelaufen, und Julianes Arbeitsantritt war somit glänzend gelungen. Das stimmte auch mich sehr zufrieden und glücklich, denn als Elternteil fiebert man natürlich mit, wenn Kinder einen so einschneidenden Lebensabschnitt beginnen. Doch meine Euphorie stürzte bald jäh wie ein Kartenhaus zusammen, als unsere Unterhaltung wie folgt weiterging: „Lauter nette Leit hob i heid troffa und vom Alter her ganz gmischt!", sprach Juliane überschwänglich. „Aha, wos hoaßt denn des genau?“, meine Frage. „Von jung bis sauoid!“, ihre Antwort. „Mhm, und des hoaßt?“ Niederschmetternde Antwort: „Von 16 bis 50!“

Ich erwähne jetzt nicht, dass ich 2014 *sauoid* geworden bin!

Vielleicht liegt es daran, dass ich schon „sauoid“ bin

Ich bin von Haus aus wirklich kein geiziger Mensch, aber etwas mehr oder weniger sparsam bin ich schon. Gerade im Alltag lässt sich so manche „Geldschleuder“ abstellen, ohne sich groß einschränken zu müssen. So kann zum Beispiel der Wasserverbrauch stark reduziert werden, indem man während des Zähneputzens den Hahn zudreht. Ebenso, wenn man auf das Vollbad verzichtet, dafür sich lieber unter die Dusche stellt. Strom kann dadurch eingespart werden, schaltet man bewusst Lichter aus, die nicht gebraucht werden. Richtige Stromfresser sind die Unterhaltungselektronikgeräte, die über eine Stand-by-Funktion verfügen. Das Bundesumweltamt schätzt, dass sich in Deutschland Stand-by-Kosten zu einer Summe von vier Milliarden Euro jährlich addieren! So könnte ich die Einsparmöglichkeiten im Haushalt beliebig lang aufzählen, aufs Jahr gerechnet kommen da schnell viele hundert Euro zusammen, die man somit aus dem Fenster wirft. So habe ich auch meine Kinder dahingehend erzogen mitzuhelfen, die Nebenkosten möglichst gering zu halten, zumal man das Eingesparte dann dazu nutzen kann, mit der Familie fein zum Essen zu gehen oder es in die Urlaubskasse miteinfließen lässt.

Eines Abends komme ich in Alexanders Zimmer und sehe, dass bei einem Mehrfachstecker die Ein- und Ausschalttaste orange leuchtet. Somit signalisiert mir das Lämpchen, die Steckdose ist nicht ausgeschaltet, und es wird momentan Strom vergeudet – ganz nach dem Motto: „Jetzt zahlen wir!“ Deshalb sage ich zu Alex: „Muaßt scho immer d’ Steckdosn ausschoitn, des verbraucht oiss Benzin!“

Wos i dia wünsch ...

... wenn amoi da Kummer
gleich am Muistoa so schwer
auf deiner Seele lastet
und du de Wejt
wia durch an schwarzn Schleier siehgst,
dann wünsch i dia,
dass du an Freind an deiner Seitn host,
der einfach nur dei Hand staad nimmt
und so lang hoit,
bis dass der Stoa
zum Sandkorn wiard
und für di d' Wejt
buntfarbig wieder strahlt.

„Is des a kranke Wejt!“

Einmal in den Sommerferien hatten meine beiden Kinder und ich mit dem Auto eine einwöchige Italienrundreise unternommen und dabei stolze 2.700 Kilometer zurückgelegt. Erste Station war Rom, nach drei Tagen ging es weiter nach Neapel, ehe wir in Chioggia, einem bezaubernden Seehafen ca. 30 Minuten von Venedig entfernt, unseren letzten Stopp einlegten. Es war eine anstrengende, aber aufregende, herrliche und unvergessliche Tour. Und das Schöne daran war, wir schauten eine Woche nicht fern, lasen keine Zeitungen und wussten somit nicht, was aktuell so alles auf der Welt passiert war.

Wieder in Wenzenbach angekommen, verfolgten mein Sohn und ich die Abend-Nachrichten im Fernsehen. Nach der freundlichen Begrüßung des Sprechers: „Guten Abend, meine Damen und Herren, ich begrüße Sie zur Tagesschau“, folgten die Meldungen des Tages:

Frankreich kommt nicht zur Ruhe! Die französischen Behörden konnten in Paris einen neuen Terrorangriff vereiteln. Drei radikalisierte Frauen im Alter von 19, 23 und 39 Jahren wurden südlich der Hauptstadt festgenommen. Sie planten offenbar ein Attentat mit Gasflaschen auf die Kathedrale Notre Dame. Dieser Vorfall zeigt, dass sich die Rolle der Frau in der Terrormiliz Islamischer Staat verändert hat: Die IS-Miliz setzt nicht mehr nur Männer, sondern auch junge Frauen ein und steuert sie aus der Ferne ... Mehr als ein Drittel der knapp 700 Franzosen, die in die Kampfgebiete des Irak und Syriens gingen, sind Frauen, wie aus Daten der Regierung hervorgeht. Regierungsbeamte verweisen seit Monaten da-

rauf, dass der IS immer mehr weibliche Jugendliche und junge Frauen anwirbt.

Mindestens 20 Flüchtlinge ertranken im Mittelmeer, als ein völlig überfülltes Flüchtlingsboot kenterte. Laut italienischer Küstenwache sollen unter den Toten auch viele Kinder und Frauen sein.

Erneute Provokation aus Pjöngjang: Nordkorea hat wieder einen Atomsprengkopf gezündet, das Erdbeben war selbst in Deutschland messbar. Die Angaben über die Stärke der Explosion reichen von 10 Kilotonnen bis zu 25 Kilotonnen TNT. Die Atombombe von Hiroshima 1945 hatte eine Sprengkraft von circa 13 Kilotonnen.
– Ein Beitrag des nordkoreanischen Fernsehsenders wird eingespielt – „Das Volk zeigt sich hoch erfreut und ist stolz über den geglückten Atomwaffentest", verkündet ein Reporter mit martialischer Stimme und ein vor Stolz lächelnder Mann darf anschließend ins Mikrofon sagen: „Mit unserem Machthaber brauchen wir nichts zu befürchten. Nordkorea hat eine gute und blühende Zukunft vor sich!"

Der WWF Deutschland schlägt Alarm und warnt vor tödlichem Plastik in unseren Ozeanen. Über sechs Millionen Tonnen Plastikmüll versinkt laut WWF Deutschland jährlich im Meer. Mittlerweile besteht drei Viertel des Meeresmülls aus Plastik und kostet jedes Jahr bis zu 100.000 Meeressäuger und etwa einer Million Meeresvögel das Leben. Schildkröten verwechseln treibende Plastiktüten mit Quallen, Fische winzige Plastikteilchen mit Plankton. Mit vollen Mägen verhungern die Tiere qualvoll, da Plastik den Verdauungsapparat verstopft. Doch auch wir Menschen sind betroffen, denn nicht zuletzt gelangen Mikropartikel und Plastik-Giftstoffe über die Fische auch in die menschliche Nahrungskette.

Grausiger Fund bei Wolfsburg: In einem Altkleidercontainer hat ein Mann eine Babyleiche entdeckt. Wie der Junge starb, ist bisher noch unklar. Eine erste Obduktion brachte keine eindeutigen Erkenntnisse.

Die Straftaten mit rechtsextremem und ausländerfeindlichem Hintergrund sind in Deutschland gegenüber dem Vorjahr um über 30 Prozent angestiegen. Dies geht aus den neuen Zahlen des Innenministeriums hervor. Die Gefahr geht keineswegs nur von organisierten Neonazis aus, sondern auch von freien Gruppen, die zunehmend gegen Flüchtlinge und deren Unterstützer mobilisieren. Besorgniserregend ist auch die hohe Anzahl von Straftaten gegen Flüchtlingsheime und Asylbewerberunterkünfte, wie etwa Brandanschläge, Sachbeschädigungen und volksverhetzende Schmierereien, wie Hakenkreuze.

USA: Der US-Bundesstaat Louisiana erlebt die schwersten Überschwemmungen seit 70 Jahren. Pausenlos sind die Retter im Einsatz. Trotzdem konnten mindestens sechs Personen nur noch tot aus den Fluten geborgen werden.

Und selbst der Wetterbericht versprach nichts Gutes, für die kommenden Tage kündigte er schwere Gewitter mit Starkregen an.

Nachdem die Nachrichten zu Ende waren, schüttelte Alex nur den Kopf und meinte: „Is des a kranke Wejt!“

Und weil die Welt seitdem um keinen Deut besser geworden ist, entflohen wir im darauffolgenden Jahr gleich für zwölf Tage dem Alltagswahnsinn. Wir kutschierten 3.840 Kilometer längs durch Italien, beginnend in Florenz, weiter nach Sorrento, Capri, Taormina und wieder zurück über Salerno und Rom nach Wenzenbach – und wir sahen weder Nachrichten, lasen noch Zeitungen und hörten uns auch keine deprimierenden Hiobsbotschaften an, sondern genossen schlicht die Schönheit der Städte, der Landschaft – unser zwölftägiges unbeschwertes Leben.

Verlier dei Lacha ned

Und is de Wejt aa no so krank
und übersät mit bäsn Leit,
spuit oiss verrückt,
liegt oiss in Scherbn,
lass di ned unterkriagn
und dia dei Freid am Lebn verderbn.

Spür de warma Sonnenstrahln,
und fühl an Wind, der di umwaaht,
tanz vergnügt im frischn Regn,
und bestaun de Nebelschwadn,
de si mystisch auf de Wiesn legn.

Lus, wia d' Bienen emsig brumman
und nimm den Duft der Bleamerl wahr,
siehg an Schmetterling sei Flüglpracht
und hör den Gsang der Voglschar.

Drum verdua ned d' Zeit
mit Gedankn an a kranke Wejt
und skrupllose Leit.

Verlier sejbst dann dei Lacha ned,
aa wenn de ganze Erdn bebt –

denn nur wer lacht, der lebt.

„O mei, Papa!“

Wahnsinn, schneller als ein Orkan fegt der technische Fortschritt in unserer heutigen Zeit über uns hinweg! So rasant, dass ich als nicht in der Computerzeit-Geborener große Mühe habe, diesem irrsinnigen Tempo folgen zu können. Bald jeden Tag kommen neue technische Errungenschaften auf den Markt, und ich staune und schlackere nur so mit den Ohren, weil mich diese Neuheiten mitunter völlig überfordern. Ich kann mich noch gut an mein erstes Handy erinnern, das ich stolz in der Hand hielt – es war zwar „gwampert“, also unhandlich und schwer, hatte ein einfarbiges Display, eine geringe Akku-Leistung, aber ich konnte mobil telefonieren, welch unglaubliche Erfindung für mich damals. Wahnsinn! Und nicht nur das; es war auch möglich, SMS zu verschicken, obwohl das Eintippen des Textes bei mir Ewigkeiten dauerte, da ich immer peinlichst auf richtige Rechtschreibung und Kommasetzung achtete! Eine Eigenheit, die ich bis dato zum Unverständnis meiner Kinder pflege. Wenn ich heute Jugendlichen mein damaliges Handy zeige, ich habe es noch, ernte ich nur Gelächter und Kopfschütteln, und ich komme mir dann immer so uralt vor, als hätte ich selbst noch die Dinosaurier live miterlebt. Es folgten weitere Handys, natürlich alle noch ohne Internetanschluss, aber mir genügten die einfachen, zumal ich ein Handymuffel bin, der sein mobiles Telefon, statt es dabei zu haben, meist zuhause auf dem Wohnzimmertisch liegen lässt – so macht natürlich ein Handy voll Sinn!!! Wozu sollte ich also ein modernes besitzen? Meine Einstellung änderte sich schlagartig, als meine liebe Tochter eines Tages schonungslos meinte: „Papa, iatz kaufst dia endlich a Smartphone, sonst bist so oidmodisch!“ Dieser Satz traf mich tief, und einen Tag später gingen Juliane und ich in ein Elektrogeschäft, und ich besaß kurze Augenblicke später ein Smartphone mit einem – wie der Verkäufer betonte – *Android* Betriebssystem. Wahnsinn! Ich hatte zwar noch nie etwas von einem *Android* Betriebssystem gehört, aber trotzdem Wahnsinn! Zuhause wog ich es in meiner Hand, es war nicht mehr zu vergleichen mit meinem alten anno-dazumal-Handy, es war leicht wie eine Feder, dünn wie ein Pfannkuchen, hatte ein tolles, buntes Display, keine Tasten mehr, war selbstverständlich internetfähig und verfügte über unzählige weitere Funktionen, von denen ich die meisten bis heute noch nicht kenne, aber es hatte sie. Stolz zeigte ich in den nächsten Tagen allen, die mir über den Weg liefen, meine neue technische Anschaffung und fühlte mich dabei so wahnsinnig *up to date*. Ja, das Handy war einfach der Wahnsinn: Internet, Facebook und WhatsApp konnte ich neben vielem nutzen, dank meines „Andy"-droid Betriebssystems, wie ich „fachmännisch" zum Besten gab! Nur – das Wichtigste konnte es komischerweise nicht: Anrufe annehmen! Immer wenn es läutete, drückte ich mit meinem ausgestreckten Zeigefinger auf den grünen Hörer, der da aufleuchtete, aber nichts, keinen Ton vernahm ich, geschweige denn eine Stimme! „So a neumodisches Glump!", dachte ich jedesmal verärgert und wünschte mir sehnlichst mein altes Nokia-Tastenhandy zurück. Sollte ich mich etwa bei Juliane erkundigen, warum nie eine Verbindung zustande kam? Doch diese Frage erübrigte sich, denn eines schönen Abends beschwerte sich meine Tochter leicht säuerlich: „Papa, warum gehst eigentlich nie ans Telefon, wenn i di oruaf!" „Weils ned funktioniert!", antwortete ich. „Wia, ned funktioniert?", ihre Frage. „Jedsmoi, wenns läut, druck i auf den grünen Hörer, oba nix passiert!" „O mei, Papa", meinte sie kopfschüttelnd und verdrehte dabei ihre Augen: „Des is a Wischtelefon, do muaßt d' ned draufdrucka, sondern den grünen Hörer noch rechts wischn!“ Dann folgte ein Lachen (war es ein Auslachen?), das laut und lang anhaltend war. „Ja“, dachte ich mir, „so sind Kinder, kaum erwachsen, schon haben sie keinen Respekt mehr vor uns Eltern!“

Dieser rasante Fortschritt! Wie soll man da noch mitkommen und besonders ich? Ich kann mich ebenso an meinen ersten Computer entsinnen – es war ein schweres, riesiges Monstrum an Gerät, das meinen ganzen Schreibtisch einnahm, und wenn ich es einschaltete, brummte es, als wäre ein Schwarm Hornissen im Zimmer. Im Grunde genommen ersetzte es nur meine alte Schreibmaschine und hatte ihr gegenüber lediglich den Vorteil, dass ich Fehler in Texten korrigieren konnte, ohne – wie bei der Schreibmaschine – die Seite neu tippen zu müssen. Aber ansonsten konnte ich das Gerät zu nichts anderem gebrauchen; es folgten weitere Computer, stets kleiner werdend und mit immer mehr Möglichkeiten – bis hin natürlich zur Internetnutzung. Heute besitze ich – wie viele andere auch – einen Laptop, der ungeahnte Möglichkeiten bietet, natürlich auch das Surfen im Internet erlaubt. Ich verstehe das World Wide Web nicht, es ist für mich ein einziges Rätsel, aber ich nutze es. Unseren zwölftägigen Italienurlaub habe ich ja ein paar Seiten vorher schon erwähnt, und ich war positiv erstaunt und wirklich beeindruckt, wie Juliane sämtliche Unterkünfte auf unserer Reise ausschließlich über das Internet gebucht hatte. Es stimmten alle Ankunfts- und Abfahrtsdaten, und sämtliche Quartiere, ob Hotels oder Ferienwohnungen, waren erstklassig, sprich sauber, zum Wohlfühlen, hatten teilweise eine atemberaubende Aussicht, waren zentrums- bzw. meernah und erschwinglich von den Kosten. Respekt Juliane! Das kann ich auch, dachte ich mir, als ich viele

Tage später eine einwöchige Reise zum Vierwaldstättersee in der Schweiz mit meiner Mutter plante. In unzählige Hotels klickte ich mich ein und besah mir diverse Zimmer; aber wer die Wahl hat, der hat auch die Qual. Es gab so viele verschiedene Orte rund um den See, und einer war herrlicher als der andere, sodass es wirklich schwierig war, die richtige Unterkunft mit dem passenden Zimmer zu finden. Doch kein Problem, und das ist das tolle und praktische an den meisten online-Buchungen, Sie können reservieren so viel Sie wollen, Sie müssen nur darauf achten, kostenlos bis kurz vor Reiseantritt wieder stornieren zu können. Und so orderte ich in unterschiedlichen Hotels Zimmer: mit See- oder Dorf- oder Bergblick. Dann entdeckte ich eine noble Unterkunft mit Seezugang, leider besaß sie keine Einzelzimmer mehr, dafür jedoch noch zwei Doppelzimmer mit dem Hinweis, „Zwei Besucher sehen sich gerade das Zimmer an", jetzt hieß es also schnell sein – ein kurzer Klick mit der Maus – schon waren sie gebucht! Wahnsinn, wie das alles perfekt funktionierte und wirklich idiotensicher! Ja, und so surfte ich munter weiter und stieß noch auf ein Romantikhotel hoch über dem See gelegen, mit einem fantastischen Blick über das blauschimmernde und im hellen Sonnenlicht glänzende Gewässer. Also, wenn man da nicht auch reserviert, selber schuld! Klick – und kurze Zeit später beglückwünschte mich per E-Mail das Buchungsportal dazu, dass zwei Einzelzimmer für unsere Ankunft in zirka vier Wochen bereitstehen. „Alles easy!", dachte ich mir und war stolz auf mich. Doch mein Stolz sollte wie Butter in praller Sonne zerfließen, als mir gewahr wurde, dass ich in meinem Reservierungswahn völlig den Überblick darüber verloren hatte, wie viele Zimmer in welchen Hotels ich gebucht hatte. Eine Gesamtübersicht über sämtliche Aktionen meinerseits gab es leider nicht. Aber es waren eine beachtliche Menge! Mir wurde es mit

einem Mal heiß und kalt, denn die Summe der Kosten für die belegten Zimmer lagen bei über 20.000 Euro. Wahnsinn! Sollte ich vielleicht doch Juliane um Hilfe bitten? Ja! Als ich ihr mein „kleines“ Problem geschildert hatte, verdrehte sie ihre Augen und meinte nur kopfschüttelnd: „O mei, Papa!“

Zum Glück konnte Juliane alle überflüssigen Buchungen stornieren, obwohl es selbst ihr große Mühe bereitete, in dem Durcheinander, das ich fabriziert hatte, den Durchblick zu behalten. Sie löschte zehn Einzelzimmer in vier verschiedenen Hotels und zwei Doppelzimmer in einem weiteren. Nach getaner Arbeit folgte wieder dieses selbe Lachen (war es ein Auslachen?), das laut und lang anhaltend war, wie ich es schon einmal bei meinem Erlebnis mit dem „Wischtelefon“ von ihr gehört hatte. „Ja“, dachte ich mir, „so sind Kinder, kaum erwachsen, schon haben sie keinen Respekt mehr vor uns Eltern!“

Der nette Apfelmann

Was mir wahnsinnig schwer fällt, ist, *Nein!* zu sagen, wenn an unserer Haustür jemand klingelt und etwas zum Verkauf anbietet. Das weiß scheinbar auch ein Apfelverkäufer, der regelmäßig im Herbst läutet und Bodensee-Äpfel anpreist. Und alle Jahre läuft unser Treffen etwa gleich ab. „Mei is des schee, dass i Eahna wieder antreff!", begrüßt er mich überschwänglich nett, so als wären wir gute alte Freunde und hätten uns seit ewigen Zeiten nicht mehr gesehen. „Hätt i doch bloß ausm Fenster gschaut, dann hätt i gsehng, wer draußn steht!", denke ich mir missgelaunt und begrüße ihn mit einem knappen: „Ah, servus, Sie sans wieder!" Das wird lange Zeit das einzige sein, was ich sagen kann, denn ab jetzt redet nur noch er, ununterbrochen, über Gott und die Welt, manchmal auch über seine Äpfel, die hervorragend schmecken würden, und ob ich im Urlaub gewesen sei, weil ich so gut erholt aussähe, eine tolle Wohngegend sei das hier, ruhig und abgelegen, ohne Durchgangsverkehr, und natürlich seien die Äpfel frisch geerntet und ungespritzt. Und jetzt kommt das Durchtriebene und Hinterfotzige von ihm, währenddessen nämlich schneidet er mit einem Messer viele dünne Scheibchen zurecht, er führt drei verschiedene Sorten, und reicht sie mir unaufgefordert zum Probieren. Ja, er hat leider recht, sie sind wieder ausgezeichnet. Trotzdem, jedesmal nehme ich mir ganz fest vor, ihm keine Kiste mehr abzukaufen, und doch trage ich jedesmal wieder 15 Kilogramm Äpfel in den Keller, gemischt in den drei Sorten. – 15 Kilogramm Äpfel, das sind eine Menge Früchte! Aber leider gibt es keine kleineren Obststeigen bei ihm zu kaufen, er weiß schon, warum! Meine Kinder stöhnen und verdrehen die Augen, wenn ich ihnen beichte, dass der nette Apfelmann zu Besuch war, denn es heißt somit für uns drei, wochenlang zig Äpfel pro Tag essen zu müssen. Dass sie saftig, die einen süßlich, die anderen leicht säuerlich und noch dazu äußerst gesund sind, lässt bei ihnen keine wirkliche Freude und Begeisterung aufkommen, auch nicht der viel zitierte Satz: *An apple a day keeps the doctor away!* Gut, in dieser apfelreichen Zeit müsste der Spruch eigentlich heißen: *Ten* apples a day ...

„Papa, iatz wenn er 's nächste Moi klingelt, versprichst uns, dass d' koane Äpfen mehr kaufst?", so die flehende Bitte meiner Kinder bei seinem letzten Besuch. Aber er ist doch so nett, der Apfelmann!

Tage, Wochen, Monate waren seither vergangen, alle Äpfel hatten wir endlich verzehrt, der nette Apfelmann war vergessen, als eines Tages Juliane bei mir im Büro anruft und aufgeregt in den Hörer ruft: „Papa, iatz konn i di versteh!" Ich hatte keine Ahnung, was sie meinte, und fragte deshalb nach: „Wos versteh?" „Heit war bei mia da Äpfemo do!" „Und?" „Der is wirklich saunett und i soi da aa ganz scheene Grüaß ausrichtn, und dann hod er ma Äpfescheibn zum Probiern hergschnittn und dabei gred und gred und gred und scho hob i eahm a Kistn obkauft, gmischt, i fürcht, 15 Kilo sans!"

Hoffentlich trifft der Apfelmann das nächste Mal Alex zu Hause an, denn mein Sohn hat furchtbar geschimpft, als er abermals die vielen Äpfel im Keller sah, dann wird er schon sehen, wie nett der Apfelmann ist!

Fußballtrainer aus Leidenschaft
oder:
Hulk, der Fußballtrainer

Seit etlichen Jahren schon trainiere ich die Fußballdamenmannschaft des SV Sallern. Sallern ist ein Stadtbezirk von Regensburg, und laut des 1983 verstorbenen Germanisten Professor Ernst Schwarz geht der Ortsname bis in die Zeit der Illyrer zurück. Der illyrische Name „salaria" bedeutet „Leute am Fluss". Und idyllisch am Fluss, genauer gesagt am Regen, liegen auch das Vereinsheim und die Fußballplätze. Weshalb trainiere ich gerade eine Damenmannschaft und keine Jungs? Eigentlich aus Zufall. Als meine Tochter Juliane um die Jahrtausendwende in Regensburg die Grundschule besuchte, gab es erstmalig eine Fußball-Stadtschulmeisterschaft für Mädchenmannschaften, und das war für die damalige Zeit schon fast revolutionär, denn in vielen männlichen Köpfen galt (gilt?) immer noch ein alter Werbeslogan aus den 1950er Jahren eines großen Lebensmittelkonzerns als realitätsgetreu: „Eine Frau hat zwei Lebensfragen: Was soll ich anziehen und was soll ich kochen?" Ich weiß noch, wie mich der damalige Rektor, der mitbekommen hatte, dass ich Sport studiert hatte, süffisant lächelnd fragte: „Herr Dick, möchten Sie nicht die Mädchen trainieren? Wir werden zwar eh Letzter, aber vielleicht bringts ja doch a bisserl was!" Natürlich gab es auch eine Stadtschulmeisterschaft für Jungen, die coachte selbstverständlich der Herr Direktor höchstpersönlich! Welcher Vater kann seiner Tochter schon einen Wunsch abschlagen, wenn deren treuherzigen Blicke ihn bis ins Mark treffen? So trainierte ich die kleinen Fußballstars von morgen, und siehe da, wir kamen bis ins Finale und wurden nur im 7-Meter-

Schießen unglücklich bezwungen. Kopfschüttelnd meinte der Rektor, als er die Urkunde, worauf fett der 2. Platz vermerkt war, in Händen hielt: „Wie haben S' denn des nur gmacht?" Ich erwähne jetzt nicht, dass die Buben den letzten Platz belegten!

Ja, so fing meine Karriere als Erfolgstrainer an, Julianes Fußballbegeisterung entwickelte sich stärker und stärker, sie wurde Mitglied im Keilberger Fußballverein, und als da ein B-Juniorinnen Trainer gesucht wurde, blickten mich abermals zwei treuherzige Augen an, und so war für drei Jahre Keilberg meine fußballerische Heimat. Keilberg, der höchstgelegene Stadtbezirk Regensburgs, war eine tolle Zeit, und die Mannschaft wuchs mir sehr ans Herz. Wir feierten Erfolge, aber auch nach Niederlagen hielten wir zusammen. Ja, es passte, und so unternahmen wir auch außerhalb des Platzes viel; einmal fuhren wir von Regensburg aus mit dem Schiff nach Donaustauf, erklommen die 358 Stufen der Walhalla und ließen hoch oben an der Gedenkstätte über 20 bunte Luftballons, angehängt mit Zetteln, auf denen unsere Wünsche standen, in die Luft steigen; ein andermal besuchten wir die Westernstadt Pullman City bei Eging am See. Ein außergewöhnliches Wochenende auf einer Hütte in der Nähe von St. Englmar wird mir immer in bester Erinnerung bleiben. Und das Tolle war: Wir schafften es tatsächlich zwei Tage lang, für die meisten Jugendlichen wäre das heute der schlimmste Albtraum!, uns ohne Handy die Zeit zu vertreiben, denn es gab dort oben keinen Empfang. Keine Langeweile kam auf, im Gegenteil, wir hatten eine Mordsgaudi, so bretterten wir tagsüber etwa die Sommerrodelbahn in Grün hinunter, besuchten den nahegelegenen Waldwipfelweg, und abends kochten wir – der Herd wurde mit Holz angeschürt – Spaghetti mit Hackfleisch und erfreuten uns in der urigen Stube an Gesellschaftsspielen. Als Höhepunkt stiegen wir zur Geisterstunde in einer unheimlichen Nachtwanderung auf den Pröllergipfel.

Leider löste sich die Truppe nach drei Jahren aus unterschiedlichen Gründen auf, etliche hatten ihr Abitur, das Studium zog sie in andere Städte, einige wechselten den Verein, da sie höherklassiger spielen wollten, und manche hörten ganz auf, und so brachten wir keine spielfähige Mannschaft mehr in den Ligabetrieb. Ich werde nie die letzte Sitzung vergessen, in der wir die unerwartete Auflösung der Mannschaft bekanntgaben, und etliche der Spielerinnen in Tränen ausbrachen. Aber das Karussell des Lebens dreht sich weiter, und ich konnte mich von den Strapazen meines Trainerlebens erholen, denn ich war ein äußerst engagierter Trainer, wo es nicht nur einmal vorkam, dass ich während eines Spieles vor lauter Aufregung selbst auf dem Spielfeld stand, um von dort meinen Spielerinnen Anweisungen zu geben. Auch existierte für mich keine Coaching-Zone, also der abgegrenzte Raum außerhalb des Spielfeldes, den Trainer und Betreuer während des Spiels nicht verlassen dürfen. Ich lief eigentlich das ganze Match hindurch das Spielfeld rauf und runter, um der Abwehr oder dem Mittelfeld oder Sturm Tipps zuschreien zu können. Einmal hörte ich von der Tribüne her einen Zuschauer rufen: „Schau dia den o, der roast ja mehr ois seine Spielerinnen!“

Eigentlich dachte ich, nach Keilberg werde ich keine Mannschaft mehr betreuen, denn ich steigerte mich schon gewaltig in mein Ehrenamt hinein, und zudem war der Zeitaufwand enorm; zweimal in der Woche Training und am Wochenende Punktspiele, dazwischen Sitzungen, Turniere, diverse Feiern ... Ich könnte endlos weiter aufzählen. Doch oft kommt es im Leben anders, als man denkt. Durch Zufall erfuhr ich, dass der Sportverein Sallern noch Fußballerinnen sucht, Juliane, immer noch dieser Sportart sehr zugetan, trommelte sofort ein paar der „alten“

Keilberger Freundinnen zusammen, und schon hatten sie in Sallern ein neues Fußball-Zuhause gefunden. Und jetzt komme ich wieder ins Spiel; der damalige Trainer musste sich unerwartet einer Operation unterziehen, und in Sallern wusste man, dass ich früher in Keilberg tätig war. Das Telefon läutete, und ich wurde gefragt, ob ich denn nicht kurzfristig die Mannschaft übernehmen möchte. Natürlich sagte ich sogleich Ja, zuliebe meiner Tochter, deren Augen wieder treuherzig blickten, und meiner „alten" Spielerinnen, und es sollte ja nur eine begrenzte Zeit sein. Aber irgendwas muss ich bei dem Telefonat überhört haben! Der Kollege kam aus dem Krankenhaus, auf Reha und genas vollständig, doch komischerweise trainiere ich bis heute! Aber, Gott sei Dank, es macht mir einfach riesen Spaß, und – was ich nicht für möglich gehalten hätte – das „alte"-neue Team ist mir sogar noch ein ganzes Stückerl mehr ans Herz gewachsen. Es gibt kein Meckern, wenn wer Fehler begeht, keine Schuldzuweisungen etwa bei verloren gegangenen Spielen, wir sind schon fast wie eine große Familie, die zusammenhält, die sich gegenseitig hilft und sich auch außerhalb des Platzes prächtig versteht. Eine Spielerin, die von einem anderen Regensburger Verein zu uns gewechselt war, meinte einmal nach einer Niederlage: „Mit Sallern is' schöner zu verliern, ois mit meiner oidn Mannschaft zu gewinnen!" Netter hätte sie die „Liebeserklärung" an *ihr* neues Team nicht ausdrücken können. So sind meine Damen zum großen Teil dafür verantwortlich, dass meine Leidenschaft für den Fußball nach wie vor ungetrübt ist; vielleicht sogar mitunter noch ausgeprägter als früher, denn Kommentare wie „Papa, reg di ned so auf, stej di lieber in Schattn", oder „schau hi, dem Andi kimmt scho wieder Rauch aus de Ohrn" fallen da schon öfters.

Ja, es ist eigenartig, wie emotional mich diese Sportart und dieses Ehrenamt packen. Bin ich sonst der besonnene und ruhige Typ, so erlebe ich am Platz eine regelrechte Verwandlung – ähnlich wie Dr. Bruce Banner, der sich bei jedem Anflug von Wut in Hulk verwandelt. Aber nicht, sollten meine Spielerinnen verlieren, sondern wütend werde ich, wenn es ungerecht oder unfair zugeht. Manche Trainer glauben, sie müssten sich für die Champions-League qualifizieren, so verhalten sie sich am Platz und stellen dementsprechend aggressiv ihre Mannschaft ein. Da zählt mitunter die Gesundheit der Spielerinnen nichts mehr, sondern nur noch die Tatsache, Leistungsträgerinnen des gegnerischen Teams gezielt wegzufoulen. Kreuzbandrisse sind bei solchen Aktionen leider keine Seltenheit, und ein Trainer brüllte einmal in einem Match seiner Spielerin zu: „Hau s' endlich um!“, was sie schließlich auch tat, und das Ganze endete mit einem Schienbeinbruch der Gefoulten. Das hat mit Sport, der Spaß bereiten, Menschen verbinden und Fairness vermitteln soll, nichts zu tun, das ist nur mehr brutal. Und wenn man so etwas miterlebt, glaube ich, ist es nachvollziehbar, dass man da schon zu Hulk werden kann.

Rauch aus den Ohren quillt bei mir auch, wenn ständig Schiedsrichterentscheidungen überlaut und bösartig angezweifelt werden, etwa in der Art: „He, Schiri, host du koane Augn im Kopf, des war Abseits!“ oder „Schiri, pfeif ned so an Sch..., des war doch a Foul!“ Da gab es schon manch heftige und laute Scharmützel zwischen mir und Trainerkollegen. Nur gut, dass Juliane dabei ist, denn ihr Satz „Papa, reg di ned so auf, stej di liaber in Schattn“ genügt meist, um mich wieder in Dr. Bruce Banner zurückzuverwandeln. (Reicht dies nicht aus und lässt Hulk weiterhin Dampf ab, wird ihm seit kurzem von einer Spielerfrau ein selbstgemachter starker Likör gereicht!)

Und doch ist Fußball die schönste Nebensache der Welt. Sie glauben das nicht? Dann kommen Sie doch einmal zu einem Punktspiel meiner Mannschaft nach Sallern, und Sie werden erstaunt darüber sein, wie fair, aufopferungsvoll und leidenschaftlich meine Damen spielen und kämpfen. Was Sie nicht sehen werden bei uns sind Spucken und Rotzen auf den Rasen sowie theatralisches Hinfallen und lautes Lamentieren bei „zarten Berührungen", sprich Pseudofouls. – Versprechen Sie mir jedoch bitte eines: Achten Sie nicht auf Hulk, dem Rauch aus den Ohren quillt und der wie ein „Narrischer" am Spielfeldrand auf und ab saust!

Es gibt Ereignisse im Lebn ...

Es gibt Ereignisse im Lebn,
do wirst d' so richtig kloa,
aa wenn du immer moanst,
du bist da Größte auf der Wejt.

Es gibt Ereignisse im Lebn,
do kimmnt d' Bescheidnheit dann zruck,
aa wenn du immer moanst,
dei Gejd erfüllt dia jedn Wunsch.

Es gibt Ereignisse im Lebn,
do kehrt a Güte in dia ei,
aa wenn du immer moanst,
des Recht, des wird von dia bestimmt.

Es gibt Ereignisse im Lebn,
do stejt se Demut in dia ei,
aa wenn du immer moanst,
an Glaubn, den brauchst du ned.

Es gibt Ereignisse im Lebn,
do spürst d' den Hauch der Endlichkeit,
aa wenn du immer moanst,
di wirft so schnej nix aus der Bahn.

Ja, soichane Ereignisse, de schwoabn di zruck
ins eigentliche Lebn. –
Schod, dass soichane Ereignisse
oft wieder boid vergessn werdn?

Die Schnitzel klopfenden Schamanen

Einen unvergesslichen Urlaub in Österreich, genauer gesagt im Mondseeland im Salzkammergut, verbrachten einmal meine Mutter und ich. Wir quartierten uns am Irrsee in einem gediegenen Hotel ein, und von dort aus unternahmen wir täglich Touren quer durchs Land. Da ich in dieser herrlichen Gegend zig Male schon meinen Urlaub verbracht hatte, kenne ich dieses Fleckchen Erde wie meine Westentasche, und so konnte ich ein abwechslungsreiches und vielfältiges Programm zusammenstellen. Wer schon einmal diese Gegend bereist hat, weiß, dass es dort unzählige wunderschöne Seen gibt, und so grüßte natürlich täglich auf meinem Ausflugsplan nicht das Murmeltier, sondern einer dieser Seen. Mondsee, Attersee, Wolfgang- und etwas weiter entfernt der Hallstättersee waren nicht die einzigen Gewässer, an denen wir ausgedehnte Uferwanderungen unternahmen. So erreichten wir abends müde, aber erfüllt von den vielen Erlebnissen und Impressionen des Tages das Hotel und gönnten uns vor dem zu Bett gehen im Restaurant noch einen Schlummertrunk. Meine Mutter trank meist einen sauren Grünen Veltliner, ich ein süffiges Zipfer-Bier. Eines Abends jedoch wurde unsere Abendidylle durch ein lautes, gleichmäßiges Klopfen gestört. „Ah, iatz werdn d' Schnitzl fürn nächstn Doog klopft!", meinte ich, bevor wir uns wieder über den Tag, der reich an Eindrücken war, weiterunterhielten. Denn auf der Tour heute war Unterach am Attersee gestanden, wo schon Gustav Klimt viele längere Aufenthalte gehabt hatte und sich von der zauberhaften Landschaft zum Malen etlicher Bilder inspirieren ließ. Doch wir konnten uns nicht so recht auf das vergangene Tagesgeschehen konzentrieren, denn das Klopfen wollte einfach nicht aufhören! „De versorgn ja ganz Österreich mit Schnitzl!“, scherzte meine Mutter, und beide schüttelte es uns vor Lachen. Als letztendlich das monotone Schlagen nach 15 Minuten immer noch andauerte, rief meine Mutter den Kellner herbei und fragte ihn nach dem doch jetzt störenden Geräusch. Dieser rollte – wie er es immer zu tun pflegte – etliche Male wild die Augen im Kreis, ehe er uns völlig humorlos aufklärte, was es mit den Klopflauten auf sich hatte: „Bei uns haben sich für fünf Tage Schamanen aus Österreich und Deutschland eingemietet, die jedes Jahr hier ihr Seminar abhalten. Das etwa 15 minütige Trommeln dient als Anfangs- und Schlussritual ihrer Sitzungen!“

Wir sahen uns zuerst ungläubig an, ehe wir zur Verwunderung des augenrollenden Kellners schallend losprusteten, und ich mit Tränen in den Augen meinte: „Was es in Österreich nicht alles gibt, selbst Schnitzl klopfende Schamanen!“

Übrigens begleitete uns das Klopfen noch den Rest des Urlaubs, und zwar morgens ab 9.00 und abends ab 21.00 Uhr jeweils an die 15 Minuten. Aber unsere ausgelassene Stimmung wurde dadurch in keinster Weise getrübt!

Wir erlebten noch manch Kurioses am Irrsee, im Speziellen in dem besagten Restaurant mit dem augenrollenden Ober. Davon, dass einmal die Küchentür wie von Geisterhand auf- und zuging, ohne dass jemand zu sehen war, oder dass wir eine längst verstorben geglaubte Person wiedergesehen haben, davon erzähle ich Ihnen in meinem fünften Buch!

Trink a zwoate Tass Kaffee!

Es gibt so Doog,
do mächst d' am liabsten
einfach nur im Bett liegn bleibn,
weilst d' woaßt,
der Doog, der bringt dia nur Verdruss.

In olla Früah steht glei a Arztbsuach o,
dann hod da Klassnlehrer di in d' Sprechstund bstejt,
drauf wart' a schwierigs Kundngspräch,
und aa a Meeting mit deim Chef.

Es gibt so Doog,
do mächst d' am liabsten
einfach nur im Bett liegn bleibn,
weilst d' woaßt,
der Doog, der bringt dia nur Verdruss.

Am Nachmidoog muaßt 's Auto no beim Tüv vorfohrn,
a Handwerker, der schaut se de kaputte Heizung o,
und hättst d' dann endlich Feierobnd,
muaßt auf a fade Sitzung im Verein.

Es gibt so Doog,
do mächst d' am liabsten
einfach nur im Bett liegn bleibn,
weilst d' woaßt,
der Doog, der bringt dia nur Verdruss.

Doch von dene Doog gibts vui,
dei hoiberts Leben lang
müaßatst du im Bett liegn bleibn!
Drum steh an soichne Doog a bisserl frühra auf
und brüah dein Kaffee extra stark,
drauf leg dei Lieblingsliadl ei,
drahs richtig laut,
draam a wengerl vor di hi –
und dann – dann trinkst in olla Ruah
a zwoate Tass Kaffee!

Verkehrte Schulpolitik

In meinen bisherigen Büchern habe ich immer amüsante Erlebnisse aus meinem langen Nachhilfelehrerdasein zum Besten gegeben und auch auf den nachfolgenden Seiten finden sich wieder lustige und unterhaltsame Aussprüche meiner Schüler. Doch – ich möchte es nicht versäumen, ebenso über Begebenheiten zu berichten, die mich sehr nachdenklich stimmen, auch schockieren. Wenn ich an meine Schulzeit zurückdenke, so werden daran in mir überwiegend positive Erinnerungen wachgerufen, ich entsinne mich an viele Augenblicke, die es wert sind, weiterhin in meinem Gedächtnis aufzubewahren. Natürlich – Schulaufgaben- oder Abiturstress, all das gab es bei mir ebenso, aber, wenn ich ehrlich bin, eigentlich nur, weil ich – wie nicht selten geschehen – erst auf den letzten Drücker mit dem Lernen begonnen hatte. Jedoch in unserer heutigen Zeit, so mache ich als Lehrer immer mehr die Erfahrung, leiden viele junge Heranwachsende an Dauerstress, an einer Art Schul-Burnout. Der Schulalltag wird für sie oft zu einem einzigen Martyrium, weil sie nicht leisten und bringen können, was von ihnen jeden Tag aufs Neue gefordert wird. Erschreckend ist, wie in den letzten Jahren die Anzahl derjenigen Schüler gestiegen ist, die sich in ärztliche oder psychologische Behandlung begeben mussten, weil sie diesem immensen Druck nicht mehr standhalten konnten. Ist unser Schulsystem vielleicht doch nicht so großartig und fein durchdacht, wie Politiker stets mit einem selbstgefälligen Grinsen auf dem Gesicht in die Fernsehkameras verkünden? Wird an unserem Schulsystem zu viel herumgedoktert, nicht von Profis, sondern von Leuten, die von der Schulpraxis entweder wenig Ahnung oder schon einen zu großen Abstand zu dieser haben? Wie anders ist es zu erklären, dass 2004 gegen jegliche Vernunft aus einem einigermaßen funktionierenden G9 im Hauruckverfahren ein G8 durchgeboxt wurde. Das G8 sollte das unzeitgemäße, verkrustete Gymnasium auf Vordermann bringen, ja, es revolutionieren. Ein Jahr weniger Schulzeit, dafür ein Jahr früher einsteigen ins Berufsleben oder Studium – so die großartige Idee der Planer! Nur bedachten sie nicht, dass viele eben nicht sofort ihr Studium beginnen oder eine Lehrstelle antreten, sondern sich etwa dafür entscheiden, ein Jahr ins Ausland zu gehen oder ein Freiwilliges Soziales Jahr zu leisten. Auch wurde nicht berücksichtigt, dass den Kindern durch das G8 ein Jahr weniger Zeit bleibt, sich den umfangreichen Stoff einzuprägen, der aufgeblähte Lehrplan ist ja kaum entschlackt worden. Wie wurde uns Eltern das G8 schmackhaft gemacht! Ein Meilenstein in der Schulpolitik sollte es werden! Ein ausgeklügeltes G8, die zweite Fremdsprache bereits in der sechsten, statt in der siebten Klasse (ich erkenne bis heute nicht den Vorteil davon, bin aber auch nicht der Experte, die klugen Köpfe sitzen im Kultusministerium), Intensivierungsstunden wurden eingerichtet (aus eigener Erfahrung weiß ich, dass diese in den seltensten Fällen von den Lehrern abgehalten werden, die vormittags die Fächer unterrichten, und es wird meist auch nicht der aktuelle Schulstoff mit den Kindern eingeübt, sie dienen mehr als Alibi für die jeweilige Schule, wie hervorragend sie doch ihre Schützlinge fördert – wers nicht glaubt, der möge bitte Schüler und Eltern über Sinn oder Unsinn der Intensivierungsstunden befragen!), Leistungskurse wurden abgeschafft, um eine allzufrühe Spezialisierung zu verhindern (an den Unis jedoch wird genau dies verlangt!), vielmehr sollte ein Gymnasiast über eine breite Allgemeinbildung verfügen – so der Tenor 2004. Jedoch – ist deren Allgemeinbildung durch das G8 tatsächlich besser geworden? Befragen Sie bitte einmal Abiturienten, was sie wissen über unser politisches System in Deutschland, in den einzelnen Bundesländern, sie werden mit den Ohren schlackern bei den Antworten, erkundigen Sie sich bei ihnen über Namen aktueller nationaler und internationaler Politiker, über bedeutende lebende und verstorbene deutsche Autoren, Sie werden vielfach mit dem Kopf schütteln ob der Antworten (ein angehender Schulabgänger, also 12. Klasse, gab mir einmal die Antwort *Theodor Heuss*, als ich ihn fragte, ob er mir spontan einen namhaften Schriftsteller nenne könne, er verwechselte ihn schlichtweg mit *Theodor Fontane*), machen Sie einen kleinen Test über die Regierungsbezirke und dessen Hauptstädte in Bayern, Hauptstädte allgemein auch ein super Thema! Sie werden – genauso wie ich – ungläubig staunen, was da alles genannt wird! Was an Ostern oder Weihnachten gefeiert wird, selbst hier kommen die abenteuerlichsten Antworten. Aber vielleicht ist ein so umfangreiches Allgemeinwissen ja auch zu viel verlangt für einen Schulabgänger, der mit dem Abitur die allgemeine Hochschulreife erworben hat. Keineswegs gebe ich den Schülern die Schuld, sie sind nur der Spiegel einer Schulpolitik, die in Ämtern beschlossen wird und leider des Öfteren weit entfernt von der Praxis liegt.

Zum Glück lernen aber auch unsere gewählten Volksvertreter dazu, zwar drehen sich in der Politik die Mühlen arg langsam, aber sie drehen sich immerhin. Nach 14 Jahren G8 vollführte die Bayerische Staatsregierung eine Rolle rückwärts, ab Herbst 2018 gibt es das G9 wieder, und der Ministerpräsident sprach stolz von einem „historischen Generationen-Entscheid".

Aber auch bei anderen Schularten erkennt man den fehlenden Weitblick der Verantwortlichen. Die Hauptschulen gibt es nicht mehr, sie heißen jetzt Mittelschulen. Wieso eine Umbenennung? War den Herrschaften der Begriff Hauptschule zu einfach, zu primitiv? Hauptschulen sind keine – wie so häufig in der Öffentlichkeit fälschlich angenommen – Auffangbecken für Dumme, Ausländer, Lernunwillige, Kriminelle. Natürlich gib es dort Problemfälle, die gibt es aber auch an Realschulen und Gymnasien. Vielmehr jedoch besuchen die Hauptschule Kinder, die ihre Fähigkeiten mehr in der Praxis, denn in der Theorie sehen, die also einen handwerklichen Beruf erlernen wollen, in Pflegeberufen ihre Erfüllung zu finden glauben, Freude am Verarbeiten und Herstellen von Lebensmitteln haben, die in kaufmännischen oder technischen Bereichen ihre Stärke erkannt haben. Und ganz ehrlich, wer den Qualifizierten Hauptschulabschluss schafft, der hat etwas geleistet, der verdient große Anerkennung! Es wurden ja die richtigen Akzente gesetzt, als der M-Zweig eingeführt wurde, der es ermöglicht, an Hauptschulen auch noch die Mittlere Reife erwerben zu können. Aber es hätte mehr noch gemacht werden müssen: viel mehr Lehrer, kleinere Klassen, Übergangsklassen für Kinder mit Emigrationshintergrund, intensive Förderung von lernschwachen Schülern, ich spreche nicht von Hausaufgaben- oder Ganztagsbetreuung, sondern von gezielter Förderung durch geschultes Fachpersonal. Natürlich sind all diese Maßnahmen verbunden mit hohen Kosten, die jedoch unser reicher Staat spielend aufbringen könnte, würden an anderen Stellen Einsparungen erfolgen und würde verantwortungsvoller mit unseren Steuergeldern umgegangen. Und es wäre auch sinnvoll gewesen, für Hauptschulen zu werben, hinter dem Schultyp zu stehen, seine Vorzüge aufzuzeigen, anstatt lediglich eine Namensänderung herbeizuführen. Wir brauchen nicht nur Akademiker in Deutschland, sondern dringend Schulabgänger, die Ausbildungsberufe erlernen. Die vielen verwaisten Lehrstellen sind eindeutig ein Beweis dafür, dass bei unserer Schulpolitik einiges verkehrt läuft.

Ebenso setzt sich die mangelhafte Schulpolitik an den Grundschulen fort. Lehrpläne, die völlig am Leben der Kinder vorbeizielen, quälen nicht nur die Schüler, sondern auch deren Eltern. Ich kann mich erinnern, dass wir in meiner Volksschulzeit jede Woche ein Diktat und einen Aufsatz geschrieben haben, es gab regelmäßige Schönschreib- und Lesestunden, das Einmaleins und Kopfrechnen wurden täglich trainiert. Das mag antiquiert klingen, aber wir waren am Ende unserer Grundschulzeit fit im Schreiben, Lesen und Rechnen. Heute haben die Lehrer keine Zeit mehr, den Stoff bei den Kindern zu festigen, der aufgepluderte Lehrplan lässt dies nicht zu. Dafür dürfen die Knirpse der 3. und 4. Klasse Kochrezepte! anfertigen, wer bitte kocht in der 3. und 4. Klasse?, komplizierte Bastel- (etwa von „Flugdrachen") und Spielanleitungen werden schriftlich gefordert, Unfallberichte – inklusive Zeugenaussagen – verlangt! Muss ein Grundschüler das alles schon können? Und weiter geht es mit der Stofffülle auch im Heimat- und Sachkundeunterricht. Hier wird den Armen ganz Europa gelehrt mit seinen Hauptstädten und Flüssen und Gebirgszügen, die sie in fünfseitigen Proben auf einer unbeschrifteten Landkarte einzeichnen müssen, sie erfahren alles über die Römer, das Mittelalter, lernen die schwierigen Fachbegriffe der Ritterrüstung und -burg, sie müssen haargenau wissen, wie ein Klärwerk funktioniert, Recycling von Glas und Papier, der Kreislauf des Wassers ... ich könnte endlos fortfahren. Und weil das alles noch nicht genügt, wurde vor Jahren auch Englisch ab der 3. Klasse eingeführt – eine pure Zeitverschwendung; erkundigen Sie sich bitte bei Lehrerinnen und Lehrern der weiterführenden Schulen, was die Grundschulabgänger in Englisch können. Sie werden immer wieder die Antwort hören: *herzlich wenig*. Anstatt eine Stunde mehr Sport und Lesen einzuplanen, wurde lieber Englisch eingeführt – ein Wahnsinn!

Ich kritisiere diese immense Stofffülle, mit der die Kinder tagtäglich in der Grundschule bombardiert werden, weil sie damit schlichtweg überfordert sind. Ihnen wird damit ein Stück weit ihre Kindheit geraubt, weil es nicht selten vorkommt, dass sie oft Stunden vor den Hausaufgaben verbringen, anstatt sich auf dem Bolzplatz austoben oder mit Freunden spielen zu können. Wäre es nicht sinnvoller, lieber weniger, dafür gründlicher? Viele Eltern klagen, denn auch sie sind teils ebenso überfordert. So erweist sich etwa für Eltern, aber auch Lehrer das neue schriftliche Subtrahieren mit dem sogenannten Abziehverfahren, anstelle des Ergänzungsverfahrens, als ein einziges Chaos. Wer sich solche gelösten Rechenaufgaben der Schüler ansieht, schüttelt nur den Kopf ob des unlesbaren Zahlenwustes, der durch die übereinandergeschriebenen Zahlen entstanden ist. Welche mathematischen-didaktischen „Koriphäen“ diese Methode entwickelt haben, die möchte ich gerne kennenlernen! Ja, wie ein schwerer Stein lastet die Schule auf den Familien und nimmt allen Beteiligten die Unbeschwertheit, wie wir sie überwiegend noch zu unserer Schulzeit erleben durften.

Nun komme ich an den Anfang zurück, wo ich geschrieben habe, dass ich ebenso über Erlebnisse berichten möchte, die mich in meinem Lehrerdasein sehr nachdenklich stimmen, zumal auch schockieren. Immer öfter nämlich muss ich im Nachhilfeinstitut miterleben, wie Kinder in der Grundschule bereits Fachärzte aufsuchen müssen, weil sie dem Druck, der bereits in der Grundschule herrscht, nicht standhalten können. Ich höre von Kindern, die beginnen, wieder ins Bett zu nässen, von Magenspiegelungen, Depressionen, sehe geritzte Haut durch Rasierklingen oder andere scharfe Gegenstände, erlebe Magersüchtige. Fast schon unerträglich wird die Belastung – diese habe ich als Vater zweier Kinder selbst hautnah miterleben müssen – für Eltern und Kinder, aber auch Lehrkräfte, wenn ab der 4. Klasse der Kampf des Übertrittes an höhere Schulen beginnt. Nur nicht auf die Mittelschule müssen! Wer dorthin muss, ist dumm, ein Versager, ein Außenseiter, wird geschmäht, ausgespottet von denen, die übertreten dürfen. Eltern berichteten mir, dass selbst jahrelange Freundschaften zerbrochen sind, weil ihre Sprösslinge nicht bzw. schon übertreten durften. Welch ein brutaler Druck lastet da auf allen Beteiligten! Jeder 3er in Proben der Übertrittsfächer löst Panik aus, denn er rückt das Ziel „Höhere Schule" weiter und weiter weg. Ich werde nie die Momente vergessen, wie meine Kinder, aber auch ich als Elternteil ebenso darunter gelitten haben, wenn keine 1 oder 2 auf dem Prüfungsblatt stand – verrückt! Diese Entwicklung ist ein Armutszeugnis für unser Schulsystem und beschämend für die dafür Verantwortlichen.

Wie weit dieser Übertrittsirrsinn geht, zeigte mir auf schmerzliche Weise jüngst einer meiner Schüler, der nicht die höhere Schule besuchen durfte, weil sein Notendurchschnitt dafür nicht ausreichte. Originalgetreu gebe ich seine Aufzeichnungen wieder, die ich in seinem Heft gelesen habe: *„Ich wünsche mich würde es nicht geben alle hassen mich und ich bin traurig. Alle sind besser als ich, bin der dümmste Schüler der ganzen Welt ... ich komme nicht in die Realschule ... ich bin dumm, ich bin das allerschlechteste Kind auf der ganzen Welt. Jeder hasst mich!"*

Schade, dass die Politiker in ihren Büros solche Zeilen nicht lesen!

Du bist vui stärker, ois du glaubst

Du bist vui stärker, ois du glaubst,
und host mehr Kraft, ois wia du denkst.
Du hoitst mehr aus, ois dass du moanst –
drum glaub an di und gib nia auf!

Und Schuld daran hat nur die Werbung!

Leider ist es so: Viel zu viel sehen unsere Kinder heutzutage fern. Fast in jedem Kinderzimmer steht mittlerweile schon ein TV-Gerät, sodass sich die Kids Tag und Nacht berieseln lassen können. Obwohl es eine schier unüberschaubare Programmvielfalt gibt, verstehen es nur wenige Sender, hochwertige Beiträge auszustrahlen, die Kindern ein bisschen Allgemeinbildung vermitteln. Natürlich nutzen alle möglichen Firmen das Fernsehen dazu, unsere Sprösslinge mit Werbung zu bombardieren, damit sie ihre Produkte an das Kind bringen können. Wie sehr sich Werbung ins Gehirn der Jugendlichen einbrennt, zeigt folgendes Erlebnis. Seit über 25 Jahren erteile ich hauptberuflich Nachhilfe, und eines Tages fragt mich ein Gymnasiast, 5. Klasse, ob ich denn auch Geographie unterrichte. „Mei, wenns gewünscht wird, scho“, antworte ich etwas verwundert und füge hinzu: „Aber eigentlich gibt es in Erdkunde ja nichts zu verstehen, man muss den Stoff einfach nur auswendig lernen. Nehmen wir zum Beispiel die Hauptstädte, das ist reine Auswendiglernerei“, erläutere ich und stelle ihn ein bisschen auf die Probe. Ich beginne ganz einfach: „Was ist die Hauptstadt von Deutschland?“ „Berlin!“, seine schnelle Antwort. „Italien?“ „Rom!“ Bei Österreich kommt er etwas ins Stocken, aber letztendlich liegt er mit Wien richtig. Bei Tschechien, Polen und Ungarn jedoch verlässt ihn sein Wissen. „Nicht so tragisch, sind ja auch nicht die klassischen Urlaubsorte“, denke ich mir und wähle ein Land aus, von dem ich mir sicher bin, dass er einen richtigen Treffer landen wird. „Wie heißt die Hauptstadt der Schweiz?“ Er überlegt – und überlegt – und überlegt. Da hellt sich sein Gesicht auf und zu meinem großen Entsetzen ruft er: „Ricola!“

Ich habe ihn vorsichtshalber nicht mehr nach der türkischen Hauptstadt gefragt, denn womöglich wäre noch *Döner Kebab* als Antwort gekommen!

Die Episode mit „Ricola" als die Hauptstadt der Schweiz erzähle ich oft und gern, und jedesmal löse ich damit bei meinen Zuhörern schallendes Gelächter aus. Einmal jedoch verfiel ich in eine Art Schockstarre! Mit einer 23-jährigen jungen Dame, die ihren kleinen Bruder von der Nachhilfe abholt, plaudere ich im Büro noch kurz. Sie sieht meine drei verfassten Bücher auf dem Schreibtisch aufgestellt und fragt mich, ob ich noch ein viertes schreiben werde. Ich erzähle, dass ich momentan daran arbeite und wieder gepflegte Mundartgedichte sowie Texte aus dem Alltag darin zu lesen sein werden, unter anderem auch nette, amüsante Geschichten aus meinem Nachhilfelehrerdasein. „Mei, Sie glaubn ja gor ned, wos ma do oiss erlebt!", plaudere ich. „Wissen Sie eigentlich scho, wia neuerdings de Hauptstadt der Schweiz hoaßt?", frage ich sie, dabei schelmisch grinsend. „Na", antwortet sie mit Nachdenkfalten auf ihrer Stirn. „Ricola", lautet meine Antwort, und ich erwarte ein herzhaftes Lachen. Stattdessen erwidert sie todernst: „Ah, des konn i mia leicht merkn!"

Ist Ricola etwa doch die Hauptstadt der Schweiz!? Ihre Antwort verunsicherte mich nun selbst. Um das zu klären, fuhr ich im Sommer 2017 zusammen mit meiner Mutter für eine Woche zu den Eidgenossen, wir kamen nach Weggis, Basel, Zürich, Luzern, Schwyz und BERN, aber – Gott sei Dank – nicht nach Ricola!

Diese verflixten Hauptstädte

Wie schwer sich aber selbst Abiturienten tun, Hauptstädte richtig zu benennen, zeigte mir einmal ein Erlebnis sehr deutlich. Das Abitur seit kurzem hinter sich, schwärmte mir eine angehende Studentin vor, dass sie unbedingt vor dem Studium erst einmal auf große Reise gehen wolle. Später wäre dies nicht mehr möglich, denn Studium, Beruf, Familie ließen einen mehrwöchigen Auslandsaufenthalt nicht mehr zu. Ich pflichtete ihr bei und fragte, wohin sie verreisen möchte. „Nach Kuba!", antwortete sie mir prompt und ihre Augen strahlten sichtlich vor Begeisterung und Vorfreude und weiter meinte sie, „ich will unbedingt noch das kubanische Flair erleben, bevor der Massentourismus auf die Karibikinsel einbricht!" Mich erstaunt ihr politisches Wissen, das sie anschließend vor mir ausbreitet: „Denn wenn das Handelsembargo gegen Kuba vom US-Kongress erst einmal ganz aufgehoben wird, werden amerikanische Touristen wie Heuschrecken in das Land einfallen!" Ich nicke anerkennend. „Bald schon werden die vielen Oldtimers auf den Straßen verschwunden sein, und die Regenwälder werden Hotels weichen müssen!", ereifert sie sich. „Respekt!", mein Gedanke. „Darum muss ich unbedingt noch nach Kuba, bevor es den Charme der 50-er Jahre verliert!" „Puh und diese gepflegte Wortwahl!", denke ich angenehm überrascht und freue mich, dass den Schülern heutzutage allen Unkenrufen zum Trotz doch noch etwas Vernünftiges beigebracht wird. Vor lauter Freude jedoch begehe ich einen folgenschweren Fehler, denn, was will ich wissen? Genau, die Hauptstadt von Kuba! – Sie überlegt – und überlegt – und überlegt! Um die beklemmende Stille zu durchbrechen, antworte ich zum Spaß: „*Cuba Libre!*" „Ach ja, genau!", ihre niederschmetternde Antwort.

Das römische Tote Meer

Dass so viele Schulkinder, ganz gleich welcher Schulart oder Klassenstufe, eklatante Schwächen in Erdkunde aufweisen, finde ich schockierend! Diese Defizite nach über 25 Jahren Erfahrung als Nachhilfelehrer wohl wissend – warum begehe ich dann immer wieder den Fehler und stelle ihnen Geographie-Fragen? Vielleicht deshalb, da kuriose Antworten garantiert sind? Mit einer Schülerin der 9. Klasse, welche Schule sie besuchte, ist – wie bereits erwähnt – bei Erdkundefragen unwichtig, nahm ich einmal die deutschen und lateinischen Fachbegriffe der Wortarten durch, was ihr ziemliche Schwierigkeiten bereitete, denn sie konnte sich einfach die schwierigen Ausdrücke nicht merken. Verb, Adjektiv und Substantiv gingen gerade noch, doch bei den Präpositionen, Konjunktionen schüttelte sie resigniert den Kopf und bei den sieben Pronomenarten stieg sie gänzlich aus. „Warum müaß ma denn de lateinischen Begriffe überhaupt lernen?“, fragte sie mich ziemlich deprimiert. Ich erklärte ihr, dass Latein für etwa 15 romanische Sprachen die Vorläufersprache gewesen sei. „Zu den romanischen Sprachen ghörn unter anderem Französisch, Spanisch, Portugiesisch und eben aa Deutsch“, dozierte ich weiter. „Warum grod Latein?“, ihre Frage. „Weil Rom einst a Weltreich war und man hod damals in Rom Latein gsprocha. Wenn du heid in Rom bist, begegnen dia überall no lateinische Ausdrücke, so wirst d’ etwa oft mit dem lateinischen Gruß ‚Salve‘ begrüßt, wenns d’ in a Bar oder a Restaurant kimmst! Salve hoaßt ‚Sei gegrüßt!‘“ Schon war meine grenzenlose Begeisterung für Rom geweckt und ich stellte ihr Fragen über die „Ewige Stadt“, von denen ich ausging, dass sie jeder beantworten kann, der ein bisschen über Allgemeinbildung ver-

fügt. Pustekuchen! Bereits bei der ersten Antwort glaubte ich, mich verhört zu haben! Meine Frage lautete ganz einfach: „Welcher Fluss fließt durch Rom?“ Ohne mit der Wimper zu zucken, rief sie: „’s Tote Meer!“ Ich fühlte mich wie ein Boxer, der gerade mit einem fulminanten Fausthieb niedergestreckt wurde. Nachdem ich mich langsam erholt hatte, meinte ich: „Na, ned des Tote Meer, sondern der Tiber! Woaßt du überhaupt, warum des ’s Tote Meer hoaßt?“ Kaum hatte ich die Frage gestellt, bereute ich sie zutiefst! Und das zu Recht, denn sie antwortete: „Weil ma do stirbt, wenn ma badt!“ Ich war einem Weinkrampf nahe! Aber ich ließ mich nicht entmutigen, tapfer erklärte ich ihr, dass das Meer deshalb den Namen habe, weil aufgrund des hohen Salzgehaltes dort keine Lebewesen existieren könnten, und kehrte dann mit meinen Ausführungen wieder nach Rom zurück. „In Rom lebt aa da Papst!“, worauf sie ganz erstaunt nur „echt?“ ausrief. Ich atmete tief durch, schaute sie mit stechenden Augen an und wagte eine weitere Frage: „Wo wohnt denn der Papst?" „Im Colosseum!", ihre niederschmetternde Antwort. „Nein!", schrie ich innerlich auf, bemühte mich aber um Contenance. „Im Vatikan wohnt da Papst!", informierte ich im ruhigen Tonfall. Sie: „Echt?" „Ja, echt!", erwiderte ich und versuchte, weiterhin ganz entspannt zu bleiben und zu wirken. Ich wollte ihr aber unbedingt noch das Glücksgefühl geben, wenigstens eine Frage richtig beantwortet zu haben. So stellte ich ihr eine letzte, eine, die sie – ob sie wollte oder nicht – richtig beantworten musste, denn für die korrekte Lösung gab ich ihr nicht nur den Wink mit dem Zaunpfahl, sondern mit dem Laternenpfahl! Es ging um eine typisch römisch/italienische Speise. Aufmunternd zwinkerte ich ihr mit beiden Augen zu, ehe ich wie folgt begann: „Aber des woaßt iatz hundertprozentig: Wenn ma in Rom in eine – Pizzeria – geht, wos isst ma do?" „Eine Pizza!", rief sie freudestrahlend, und ich wollte sie schon beglückwünschen ob ihres großartigen Wissens, als sie leider weitersprach: „Ah na, Pizza, de gibts ja nur in Italien!"

Und noch ein geographischer Schockmoment

Folgendes Gespräch zwischen einem Viertklässler und mir: „Meine Schwester wird bald heiraten!“

„Toll!“, rufe ich begeistert.

„Sie is momentan in der Schweiz!“

Und jetzt wäre der richtige Zeitpunkt gewesen, die private Unterhaltung zu beenden und sich wieder den schulischen Problemen zuzuwenden, um keinen erneuten geographischen Schockmoment als Nachhilfelehrer durchleiden zu müssen, aber nein, was mache ich für einen großen Fehler, genau, ich stelle eine geographische Frage:

„Und wo in der Schweiz?“

„In Syrien!“

Syrien und Zürich klingen aber auch wahnsinnig ähnlich!?

Eigenartige Schlussfolgerung

Doch nicht immer sind es die Geograhie-Fragen, die mir meine Augen vor Erstaunen überdimensional groß werden lassen, auch Gespräche über alltägliche Belange. Bei einem fußballbegeisterten Schüler, 4. Klasse, Grundschule, gab es in einer Stunde nur ein Thema: Ronaldo!

„Hast du's ghört, da Ronaldo hod Zwillinge kriagt!"

„*Falsch*", meine ‚gschaftlhuberische' Antwort, „ned da Ronaldo hod Zwillinge kriagt, sondern sei Frau. *Richtig*, da Ronaldo is Vater von zwoa Kindern wordn!"

„Stimmt", die Schlussfolgerung meines Schülers, „sonst wär er ja schwul!"

Dass Schwule auch Männer sind, davon hatte er noch nie gehört! Was mancherorts zuhause wohl alles geredet wird?

Rußige Journalisten

Mit einem Buben der 3. Klasse, Grundschule, lese ich ein Buch, in dem es um einen achtjährigen Jungen geht, dessen Vater Journalist ist. Ich frage meinen Schüler, ob er denn wisse, was ein Journalist sei. Er überlegt kurz und meint dann siegessicher: „Hört si wia *Schorn*steinfeger o!“

Ah-ja!

Das Kreuz mit der 1. Vergangenheit

Aufsätze bereiten den Kindern allgemein Schwierigkeiten, nicht nur deshalb, weil sie heutzutage wenig – wenn überhaupt – lesen und somit ihre Fantasie kaum mehr ausreicht, spannende, lebendige Geschichten zu schreiben, sondern auch deshalb, weil der Aufsatz im Normalfall in der 1. Vergangenheit geschrieben werden muss. Sie glauben nicht, welche Formen Sie zu hören bekommen, wenn Sie unregelmäßige Verben abfragen. Da heißt das Präteritum von *er gräbt* schon einmal *er grabte* oder *grubte*, von *sie stehen – sie stahen, ich bringe – ich brungte* oder *brang, er pfiff – er pfifft, ich blase – ich blus, wir stehlen – wir stuhlen, sie fliegen – sie flugteten, sie schreiten – sie schrotten* oder *sie schrätterten (mit dieser Vergangenheitsform hat er mich regelrecht geschrättert)* ... Ich könnte endlos fortfahren! Ja, da schlackert man heftig mit den Ohren, wenn man solche Präteritumsformen vernimmt und glaubt, das Kind vor einem erlernt eine Fremdsprache und nicht Deutsch!

Einmal jedoch konnte ich mir ein lautes und langanhaltendes Lachen nicht verkneifen, als ein Schüler einen Erlebnisaufsatz mit dem Thema *Eine aufregende Fahrradtour* schrieb und dabei die 1. Vergangenheit von *schießen* bilden musste. Seine Erzählung steuerte dem Höhepunkt entgegen, und jetzt legte er sich so richtig ins Zeug, um ein lebendiges und spannendes Finale zu erreichen: „Fritz radelte mit seinem Freund Franz um die Wette, immer schneller flitzten ihre Räder auf dem Schotterweg dahin, es war ein Kopf-an-Kopf-Rennen, als plötzlich das Unglück geschah! Fritz fuhr über eine spitze Glasscherbe, die Luft *schiss* aus dem Reifen und Fritz stürzte jäh zu Boden!" – Der arme Reifen – ich meine natürlich der arme Fritz!

Kuckuckskinder

Neulich sah ich im ORF eine erschütternde Reportage, die von sogenannten „Kuckuckskindern“ handelte. Ähnlich wie in der Natur – hier werden von den Kuckucks-Weibchen die Eier zum Ausbrüten und zur Aufzucht in fremde Nester verteilt – jubeln Mütter ihren Lebenspartnern Kinder unter, die gar nicht aus ihrem gemeinsamen Liebesakt entsprungen sind. Ein Fall berichtete von einem Ehemann, der nach über 20 Jahren erfuhr, dass er nicht der leibliche Vater seiner vier Kinder war. Im Dorf wurde schon lange hinter vorgehaltener Hand darüber getuschelt, dass die vier nicht von ihm stammen könnten, da sie ihm in keinster Weise ähnlich sähen. Doch der Mann war felsenfest davon überzeugt, der „echte“ Vater zu sein, zumal seine Frau ständig beteuerte, das seien nur gehässige Verleumdungen. Schlussendlich aber wollte er Gewissheit haben und unterzog sich einer Untersuchung, die ergab, dass er impotent war, sprich, keines der Kinder konnte von ihm sein. (Am Rande bemerkt: Es stellte sich heraus, dass die vier Kinder von drei verschiedenen Männern gezeugt wurden; da kann man nur sagen: „Die Frau hatte einen lustigen Unterleib!“)

Was hat diese Reportage mit einem meiner Nachhilfeschüler zu tun? Soweit nichts – bis ich mit einem Jungen, etwa 14 Jahre alt, eine Kurzgeschichte las, in der es um einen Vater ging, der mit antiautoritärer Erziehung seiner pupertierenden Tochter zu verstehen geben wollte, dass sie gefälligst ihr Zimmer ordentlich zu halten habe, bei ihr sah es immer aus, als hätte eine Bombe eingeschlagen. Aber die Heranwachsende dachte nicht daran, sie sah die Verwüstung als eine Art Protest und Auflehnung dem Vater gegenüber an. Daher änderte sich nichts, der Vater blieb bei seiner milden Linie, die Tochter bei ihrer revolutionären Haltung, und ihr Zimmer glich auch am Ende des Textes noch eher einem Messi- als einem ordentlichen Teenagerinnenzimmer.

Was war die Intention des Autors? Ich hatte keine Ahnung, und doch wollte ich von meinem Schüler wissen, wie er denn, wenn er einmal Vater sei, erzieherisch so ein Problem lösen würde. Vernünftig meinte er, es sei wichtig, Regeln aufzustellen, die eingehalten werden müssten. „Manchmal“, so fuhr er fort, „müssen diese mit Strenge durchgesetzt werden. Und wenn es gar nicht anders geht, auch mit einer Ohrfeige!“ Er endete mit dem Satz: „Ich bin mir sicher, dass viele Eltern schon einmal ihre Kinder geschlagen haben!“ Ich meldete mich wie in der Schule und erwiderte: „Ich nicht! Aber du hast leider recht, statistisch gesehen, sitzen in jeder Klasse zwei von Gewalt betroffene Kinder!“ Und da fiel mir wieder die Sendung ein, die ich kürzlich im Fernsehen gebannt verfolgt hatte, in der die Statistik ebenso eine Rolle spielte. „Zwei betroffene Kinder in jeder Klasse, das sind zwei zu viel!“, redete ich weiter und erzählte ihm von dem Beitrag mit den „Kuckuckskindern“, wo laut der Reportage in Österreich gleichfalls pro Klasse zwei Betroffene sitzen. „Du weißt schon, was ‚Kuckuckskinder‘ sind?“ Kopfschütteln seinerseits. „Na, überleg einmal, was macht der Kuckuck?“ Seine richtige, aber dennoch falsche Antwort: „Kuckuck!“

So konnten wir ein ernstes Gespräch doch noch mit einem Lachen beenden, Gott sei Dank, denn ernste Gespräche nehmen heutzutage leider immer mehr zu.

Geballtes Literatur-Unwissen

Besonders interessant wird es für mich als Deutschlehrer immer dann, wenn sich Schüler aus der Kollegstufe bei mir einfinden, und ich diese auf das Abitur vorbereiten darf. Grundvoraussetzung zum Bestehen des Abschlusses ist natürlich, dass sie die Literaturepochen, deren bedeutenden Autoren und Werke kennen. Natürlich können sie nicht alles lesen, was je geschrieben wurde, aber es gibt Titel, die ein absolutes Muss fürs Abitur sind, etwa „Emilia Galotti" (Gotthold Ephraim Lessing), „Kabale und Liebe" (Friedrich Schiller), „Aus dem Leben eines Taugenichts" (Joseph von Eichendorff), „Die Judenbuche" (Annette von Droste-Hülshoff), „Bahnwärter Thiel" (Gerhard Hauptmann), „Effi Briest" (Theodor Fontane), „Mutter Courage" (Berthold Brecht), „Tod in Venedig" (Thomas Mann), „Ansichten eines Clows" (Heinrich Böll) und natürlich das Drama aller Dramen „Faust I" von Johann Wolfgang von Goethe. Das alles erzähle ich einem Schüler der 11. Klasse, also der Kollegstufe. Von all den Titeln habe er noch nie etwas gehört, meinte er seelenruhig, aber immerhin habe er schon einmal etwas von Faust I gehört! „Großartig", denke ich mir und verspüre Unbehagen in der Magengegend, denn wie soll er nur im darauffolgenden Jahr das Abitur in Deutsch schaffen? Ob ich ihm denn nicht den Inhalt des Dramas wiedergeben könne, fragt er mich sodann. Um ihn nicht völlig unwissend aus dem heutigen Unterricht entlassen zu müssen, erzähle ich ihm in aller Kürze und stark vereinfacht den „Pudels"-Kern des Goethe-Klassikers: „In dem Drama geht es um den angesehenen Wissenschaftler Dr. Heinrich Faust, der ständig nach neuem Wissen strebt. Er merkt aber, dass er als Mensch an seine Grenzen stößt. Auch ist er unfähig, sein Dasein zu genießen, und sucht vergeblich Antworten nach dem Sinn des Lebens. Schließlich lässt er sich mit Mephistopheles, also dem Satan ..."

Weiter komme ich nicht, denn wie aus der Pistole geschossen ruft der Literaturunkundige: „Ah Satan! Iatz foits mia wieder ei, den kenn i, des is da *Satan der Weise*!"

Aber ansonsten war er sehr nett, der Schüler! – und das Abitur hat er auch bestanden!?

Die Sextorte

Mit einer Schülerin der 9. Klasse, Gymnasium, übe ich an einem frühen Samstagvormittag eine Schulaufgabenform ein, die vielen Probleme bereitet, nämlich der textgebundene Aufsatz, im Fachjargon TGA genannt. Die Schüler erhalten entweder einen Sach- oder literarischen Text, und darüber sind diverse Aufgaben zu bewältigen. Dieser Aufsatztyp besteht in der Regel aus einer Einleitung, dem sogenannten Basis- oder Informationssatz, der über Textart, Titel, Verfasser, Quelle, Erscheinungsdatum und den Kerninhalt aufklärt. Es folgt der Hauptteil, in dem eine ausführlichere, sachliche Inhaltsangabe abgefasst werden muss, je nach Lehrer wird auch verlangt, auf das Textäußere, sprich das Layout, einzugehen, sprachliche Stilmittel (wie Alliteration, Anapher, Euphemismus, Hendiadyoin, Oxymoron, etc.) herauszufinden, eine Textsortenbestimmung mit Beleg am vorliegenden Text ist eigentlich obligatorisch und auch noch andere Aufgaben können gestellt werden, ehe man beim Schluss auf die Intention des Autors eingeht oder seine eigene Stellungnahme über Gefallen bzw. Nichtgefallen des Textes zum Ausdruck bringt.

Klingt alles furchtbar kompliziert und verwirrend. Doch ich bin mit meiner 9. Klässlerin noch nicht beim Schlussteil angelangt, sondern wir befinden uns mitten im Hauptteil. Meist wird bei einem Sachtext eine Reportage ausgewählt, so auch heute von mir, und unsere letzte Aufgabe – wir nähern uns bereits dem Ende der Stunde – lautet: *Bestimme die Textsorte anhand der gelernten Merkmale und belege sie am Text.*

Meine Schülerin war bislang schon sehr fleißig, sie hatte also bereits den Basissatz geschrieben, verständlich den Inhalt wiedergegeben, etliche Stilmittel gefunden und nun fehlt ihr nur noch der letzte Punkt, bevor sie in ihr heiß ersehntes Wochenende starten kann. Und scheinbar schon in Vorfreude darauf fragt sie mich gedankenverloren – dabei auf ihre Armbanduhr schauend: „Soll i iatz no schnej de Sextortnbestimmung macha?“

Feuerlager und Zimmerlehrer

Eine willkommene Abwechslung ist es für mich, wenn ich Erwachsene in Deutsch unterrichten darf. Dabei beschäftigt man sich so intensiv mit der eigenen Sprache, dass man selbst viel Nutzen aus dem Unterricht zieht und eigentlich erst so richtig seine Muttersprache verstehen lernt.

Eine äußerst sympathische, fröhliche und temperamentvolle Frau, aus Portugal stammend, die aber schon viele Jahre hier bei uns in Regensburg lebt, mit einem „Ur-Bayern" verheiratet ist und zwei Kinder hat, schon ziemlich gut unsere Sprache spricht, besucht einmal pro Woche meinen Unterricht, natürlich in erster Linie, um noch sicherer in Deutsch zu werden, in zweiter Linie aber (und ich habe fast den Eindruck, das ist ihr eigentlicher Grund), um herauszufinden, ob ihrem Mann jemals ihre sprachlichen Fortschritte auffallen werden.

Schnell erkenne ich ihre kleinen Schwächen, sie spricht etwas schnell, dadurch achtet sie zu wenig auf eine richtige Betonung, ab und zu setzt sie falsche Artikel, verschluckt einzelne Buchstaben, verwechselt hin und wieder *u* mit *ü* oder umgekehrt und setzt mitunter Wörter falsch zusammen. Wie musste ich doch schmunzeln, als sie mir davon berichtete, dass sie neulich am Elternsprechtag im „Zimmerlehrer" gewesen sei oder am Wochenende die Sonne so herrlich geschienen habe, dass die ganze Familie im Garten ein großes „Feuerlager" entfacht habe. Und wenn es regnet, schaltet sie im Auto nicht die Schweibenwischer, sondern die „Wischscheiber" ein!

Da wir während des Unterrichts auch viel über persönliche Dinge plaudern, erzählte ich ihr einmal, es war kurz vor Weihnachten, dass ich dieses Jahr an Heilig Abend etwas ganz Besonderes kochen werde, nämlich zum ersten Mal einen Karpfen blau! Anschließend folgte der Unterricht, und am Ende wünschten wir uns noch schöne, geruhsame Festtage, und sie meinte bei der Verabschiedung: „Und ganz viel Erfolg mit Ihrem „Blau-Karpfen"! (Nur so nebenbei: Karpfen blau darf ich von meinen Kindern aus nie wieder kochen, nicht einmal an Weihnachten!) Herrlich war auch ein Versprecher, als wir uns einmal über die Schule allgemein unterhielten, wie anstrengend und stressig doch mittlerweile der Schulalltag für unsere Kinder sei, denn sie müssten heutzutage schon viel lernen. „Kein Wunder", meinte meine reizende Portugiesin, „dass so viele Schüler Klassen „überholen" müssen.

Einfach herrlich und sympathisch diese Lapsus Linguae!

Wie meinen Schulkindern rate ich auch ihr zum Lesen von guten Büchern. Nur Literaturempfehlungen gestalten sich bei ihr als etwas schwierig, denn Morde dürften darin auf gar keinen Fall vorkommen, Morde seien ihr viel zu grausam, eröffnet sie mir mit weit aufgerissenen Augen! Schade, ein Vorschlag von mir war nämlich *Das Versprechen* von Friedrich Dürenmatt und ein zweiter *Das Parfum* von Patrick Süskind. Im zweiten geht es um Jean-Baptiste Grenouille, der keinen eigenen Körpergeruch besitzt, dennoch mit einem ausgeprägten Geruchssinn auf die Welt kommt und für die Herstellung eines außergewöhnlichen Duftes zum Jungfrauen-Massenmörder wird. Vorsichtig versuche ich, ihr den Inhalt schmack- bzw. geruchhaft zu machen, ich ereifere mich dahingehend, dass ich es für grandios halte, wie die Hauptfigur vom Autor beschrieben wird und ich selbst nach dem Lesen nur noch riechend umhergewandelt bin. „Ich habe plötzlich Düfte wahrgenommen", so schwärme ich, „die ich vorher noch nie gerochen habe! Ich gehe seitdem mit einer ganz anderen Nase durch die Welt!“ Doch nur blankes Entsetzen spiegelt sich in ihrem Gesicht wider, das sei ihr viel zu brutal! Kopfschüttelnd schmettert sie meine Empfehlung ab.

In der nächsten Stunde jedoch hält sie mir ein Buch vor die Nase (schon wieder spielt die Nase eine Rolle!) mit dem Titel *Der Duft von Schokolade* von Ewald Arenz. Mit exotischen Gewürzen und erlesenster Schokolade kreiert Leutnant August Liebeskind außergewöhnliche Pralinés, um damit seine Herzdame zu erobern. Und sie erliegt tatsächlich der süßen Verführung.

Sichtlich zufrieden, ohne Mörder und bestialische Verbrechen ein Buch gefunden zu haben, in dem es noch dazu auch um Gerüche geht, meint sie strahlend vor Freude: „Sehen Sie, meine Hauptfigur ist kein Mörder, aber er hat auch eine gute Nase im Gesicht!“

Ja, Erwachsenenbildung ist eine willkommene Abwechslung für mich und – wie erwähnt – ich lerne auch selbst eine Menge über meine eigene Muttersprache. Natürlich stößt man auch hie und da an seine sprachwissenschaftlichen Grenzen, so konnte ich beispielsweise diese Frage meiner portugiesischen Schülerin spontan nicht beantworten: „Warum schreibt man *Pf*erd, aber nicht *Pf*ohlen?

So lästig wia a Laus

D' Wejt is oft so koid und trist
und farblos wia a Trauerkleid,
und wia so d' Wejt – so koid und trist,
so san aa manche Leit.

In ihre Gsichter siehgst koa Lacha,
und seelenlos is eahna Gschau,
sie zoagn an Nix mehr eahna Freid,
für sie is 's Lebn nur öd und grau.

Sie glaubn, grod sie habns schwer,
und jammern rum und klogn,
verfoin in Sejbstmitleid, weil s' denkn,
sie müassn 's ganze Weh der Wejt ertrogn.

Sie san verbittert und verkrämt
und sehng nur eahna Leid,
sie fordern stets, doch gebn s' nix zruck,
für andere, do habn s' koa Zeit.

Doch wenn s' di in da Reißn habn,
dann san s' so lästig wia a Laus,
sie saugn si an dia fest
und lassn nimmer aus.

Drum gib dei Kraft ned sinnlos her
und mach an weitn Bogn um de,
lass sie in eahna Tristheit lebn,
und d' Wejt bleibt für di bunt und schee.

Du bist nicht allein

Ich habe einmal für eine Zeitschrift einen Artikel über ein „Trauercafé“ in Regenstauf geschrieben, das allmonatlich Betroffene aufsuchen können, um über ihren erlebten Schmerz mit Leidensgefährten sprechen, Erfahrungen austauschen und professionelle Hilfe in Anspruch nehmen zu können. Es war anfangs für mich schwierig, einen Text über Trauer und somit den Tod zu verfassen, denn ich musste mich mit dem Thema intensiv auseinandersetzen und dabei klafften Wunden wieder auf, von denen ich eigentlich glaubte, dass sie längst verheilt gewesen wären. Mir fiel meine Großmutter ein, deren Tod mich als Kind zum ersten Mal die unendliche Traurigkeit und Fassungslosigkeit spüren ließ, wenn ein geliebter Mensch nicht mehr bei einem ist. Tom, mein Schulfreund – mit 15 Jahren bei einem Motorradunfall schuldlos verstorben; Christoph, der in meiner Nachhilfeschule als Lehrer arbeitete – sein Leben mit 24 Jahren verloren bei einem Verkehrsunfall, ebenso ohne jegliche Schuld; Fritz, ein treuer Freund unserer Familie, nach langem, quälendem Kampf erlegen einem Gehirntumor; oder der plötzliche Herztod meines Vaters. „Pfüat di Gott“ waren die letzten Worte meiner Mutter, die sie ihrem Mann am Morgen zum Abschied sagte, als er das Haus verließ, das er abends nicht mehr betrat. Lange könnte ich die Liste der Verstorbenen weiterführen, Verwandte, Bekannte, langjährige Gefährten – wie viele haben viel zu früh meinen Lebensweg schon verlassen! Und stets musste ich fühlen, dass Trauer schmerzt wie eine offene Wunde, wie eine verletzte Liebe. Wenn ein Angehöriger oder Freund aus dieser Welt scheidet, fühlt man eine unendliche Leere, eine unendliche Hilflosigkeit. Man ist geschockt, verzweifelt, hinterfragt den

Sinn des Lebens und glaubt sich allein. Allein mit seinem Schmerz, seiner Trauer, seiner Hoffnungslosigkeit. Empfinden wir nicht so, wenn wir in das offene Grab eines uns nahe gestandenen Menschen blicken müssen, nämlich völlig allein zu sein?

Ja, es fiel mir anfänglich schwer, den Artikel über das Trauercafé in Regenstauf zu verfassen, kamen nicht nur eigene Erinnerungen wieder hoch, ich erfuhr zudem von Schicksalsschlägen anderer. Verstorbene Freunde, Eltern, Ehepartner, Kinder ... Ich hörte und sah und spürte ihre tiefe Trauer, wenn sie davon mit einer Stimme dünn wie Seidenpapier erzählten. Aber, und davon war ich überrascht und berührt, sie berichteten nicht nur über ihre traumatischen Erfahrungen, sondern auch über Trost und Zuspruch und Hilfe, die sie erfahren hatten. Immer wieder fiel das Wort „dankbar", sie waren dankbar all jenen, die sie begleiteten, sie in ihrer Not nicht sich selbst überließen. Abermals kamen die Bilder zurück, als mein Vater verstorben war, und ich entsann mich wieder der vielen, vielen Beileidsbekundungen, die meiner Familie und mir zuteil geworden waren. Ich erinnerte mich an die unzähligen Händedrucke, tröstenden Worte, Umarmungen, mitfühlenden Blicke während der Bestattung und in den Tagen danach, und ich war diesen Menschen nach so langer Zeit immer noch „dankbar" dafür, dass sie uns damals nicht allein ließen, obwohl wir uns im Angesicht des Todes unendlich einsam und verlassen gefühlt hatten.

Der Artikel über das Trauercafé und damit über den Verlust eines geliebten Menschen löste starke Emotionen in mir aus, aber er schenkte mir auch die tröstliche Erkenntnis: Du bist nicht allein! Lassen wir es nur zu, dass in dunklen Stunden und Tagen und Monaten Menschen bei uns sind, die mit uns trauern, unser

Leid teilen, uns Stütze sind, und haben wir keine Scheu davor, auf Freunde und Vertraute zuzugehen, denen der Tod das Liebste genommen hat, denn so zeigen wir ihnen, sie sind mit ihrem Schmerz nicht allein.

Als ich den Artikel beendet hatte, fühlte ich mich, trotz der Schwere der Thematik, nicht niedergeschlagen oder tieftraurig, eher das Gegenteil war der Fall, mich durchströmte eine gewisse innere Ruhe, denn der Tod hatte ein Stück weit sein schreckliches Gesicht verloren, eines nämlich erfuhr ich immer wieder in den Gesprächen Betroffener, mag das Geschehene noch so unfassbar und unbegreiflich sein, es gibt überall – wie hier im Trauercafé zu Regenstauf – Orte des Zuhörens, des Verstehens, des Mitfühlens – und somit das tröstliche Gefühl, nicht allein zu sein.

Du bist ned alloa

Aa wenn du moanst,
dei Wejt bricht zsamm
und 's Lebn verliert sein Sinn –
so nimm de Hand,
de dia wer reicht,
und schöpf draus neie Kraft.

Aa wenn du moanst,
da Schmerz zerfrisst
dei Herz und dein Verstand –
so siehgs ois Trost,
wenn wer bei dia verweilt
und dein Kummer mit dia teilt.

Aa wenn du moanst,
de Doog bleibm schwarz,
so schwarz ois wia a Trauerflor –
dann richt di do dro auf,
dass d' woaßt –
du bist ned alloa.

Er kommt doch immer an Weihnachten!

Ein kalter, kräftiger Wind faucht um das kleine, baufällige Haus und schreckt frisch gefallenen Schnee auf. In der Stube knistern Scheite im Ofen, damit es schön warm ist, wenn er kommt. Auf einem einfachen Holzstuhl sitzt sie, die alte Frau, und wartet schon Stunden auf ihn. Sie hat Teller aufgedeckt, zwei, für sich den angeschlagenen, für ihn den edlen, unversehrten mit Goldrand. Daneben sind, sorgsam gefaltet, Weihnachtsservietten – es soll doch festlich sein! Zwei Tassen stehen auf dem Tisch, beide noch leer, sie wird den Kaffee frisch aufbrühen, damit er heiß ist und sein feiner Geruch sich im Zimmer verbreitet, wenn er da ist. Auf einem weiteren Teller liegen mehrere Scheiben Brot, abgedeckt, damit sie nicht hart werden, erst wenn er kommt, wird sie den Deckel abnehmen und die Brotscheiben mit Erdnussbutter bestreichen. Ihr 14 Jahre alter Dackel liegt in seinem Körbchen am Boden dicht neben ihren Füßen und kaut zufrieden an einem Knochen; auf die abgewetzte Couch kann er schon lange nicht mehr springen, er leidet an Dackellähmung, es sind die Hinterbeine, die er nicht mehr bewegen kann, aber einschläfern lassen, wozu der Tierarzt mehrmals geraten hatte, nein, das kann und das will sie nicht. Aus der Not heraus hat sie ihm für die hinteren Läufe eine Schlinge aus Mullbinden gefertigt, an deren Enden jeweils ein Seil gebunden, sodass sie ihn zum Gassi-Gehen in den Garten führen kann. Ein rühriges Bild: Die Frau hebt mit der Schlinge die Hinterbeine hoch, während der Hund auf den Vorderfüßen ins Freie tippelt. Die Nachbarn schütteln jedesmal den Kopf, wenn sie beide so dahinwackeln sehen. Den Hund müsse man ihr endlich wegnehmen und von seiner Pein erlösen, reine Tierquälerei! Kontakt mit ihr pflegen sie schon lange nicht mehr, in ihren Augen tickt die Alte nicht mehr ganz richtig, sie sollte längst ins Heim, dann könnte auch der Schandfleck der Straße abgerissen werden. – Die Frau schaut plötzlich auf, denn im Radio läuten soeben Kirchenglocken aus aller Welt den Heiligen Abend ein, sie tönen aus dem Kloster Ettal, München, Rom, Bethlehem, Speyer, Zürich und aus vielen weiteren bekannten Orten – sie klingen erhaben und würdevoll und ergreifen die alte Frau. Von Anbeginn, seit 1948, hört sie alle Jahre wieder diese magisch klingenden Klänge und alle Jahre berühren sie ihr Herz. Nun erst ist für sie Weihnachten; Tränen füllen ihre Augen – sie denkt wehmütig zurück, als sie noch ein Kind war und dem Heiligen Abend entgegenfieberte. Wie endlos lange doch zog sich der Nachmittag dahin, bis das hell läutende Glöckchen die ungeduldig wartenden Kinder erlöste, um endlich das Wohnzimmer betreten zu dürfen. Stets aufs Neue bestaunte sie den prachtvollen Christbaum, der im hellen Kerzenschein stand und mit unzähligen Kugeln und Strohsternen und silberglänzendem Lametta festlich geschmückt war. Lieder wie „O Tannenbaum“, „Leise rieselt der Schnee“, „Vom Himmel hoch“, „O du fröhliche“ und als Höhepunkt „Stille Nacht, Heilige Nacht“ erfüllten und bewegten die Herzen der Singenden. Steif, aber dennoch gütig, wünschte daraufhin der Vater, im Sonntagsgewand gekleidet, allen mit festem Handschlag frohe Weihnachten, küsste die Kinder auf die Stirn – und schließlich die Mutter auf den Mund, während die Kinder hinter vorgehaltener Hand kicherten, denn nur einmal im Jahr, eben an Weihnachten, durften sie diesem außergewöhnlichen Ereignis beiwohnen. Geschenke gab es nicht viele, gestrickte Anziehsachen, ein paar Nüsse, Äpfel, Plätzchen, sorgfältig auf einem Teller gerichtet, und als Besonderheit für jedes Kind selbst geschnitzte Spielsachen aus Holz, der Vater beherrschte die Kunst des Schnitzens meisterlich, und die Mutter bemalte die kleinen Kunstwerke mit viel Liebe und Geduld. – Der Blick der Frau wandert traurig hin zum Küchenbuffet, auf dem ein hölzerner Nussknacker steht, vom Vater gefertigt, von der Mutter verziert; es ist das einzige Stück, das sie noch hat. Die Glockenklänge verklingen leise. – Er kommt bestimmt, wahrscheinlich wurde er aufgehalten, es liegt nur am schlechten Wetter, dass er noch nicht da ist – er besucht sie doch immer an Weihnachten. – Eine tiefe, klangvolle Stimme reißt die Frau aus ihren Gedanken: „Es begab sich aber zu der Zeit, daß ein Gebot vom Kaiser Augustus ausging, …". Sie kennt die Weihnachtsgeschichte in und auswendig. Der Vater hatte sie alljährlich vorgelesen, und ihr Mann hat diese Tradition alljährlich fortgesetzt, er nahm die Bibel zur Hand, selbst als die einzige Tochter schon erwachsen war und ihre Augen verdrehte, schlug das Lukasevangelium auf und begann zu lesen: „Es begab sich aber zu der Zeit, daß ein Gebot vom Kaiser Augustus ausging, …". Tränen brennen in ihren Augen. Ihr Mann ist lange schon tot, Herzinfarkt, völlig unerwartet und aus dem Nichts heraus, keine Zeit zum Abschiednehmen, und nur noch am Grab kann sie sagen, was sie ihm viel zu wenig zu Lebzeiten gesagt hatte, „Ich …". Wann war sie eigentlich das letzte Mal im Friedhof? Die Beine machen halt nicht mehr mit und ein Taxi, das kostet zu viel. – Sie starrt auf die Wanduhr. Schon spät, denkt sie. Er wird kommen, er kommt doch immer an Weihnachten. – Oder hat er sie dieses Jahr vergessen und feiert bereits? Heilig Abend ist das Fest der Familie, nicht der Alten, der Kranken, der Einsamen. – Ihr Blick weicht nicht von der Uhr. Ja, es ist schon spät heute, und sie wartet seit dem Nachmittag, denn all die Jahre zuvor ist er bereits am Nachmittag gekommen. Sie haben Kaffee getrunken, Erdnussbutterbrote gegessen, und sie erzählte ihm von früher, wie sie Weihnachten mit ihren Eltern feierte, dann mit der eigenen Familie, zuletzt mit ihrer Tochter – bis diese in jungen Jahren einen US-Soldaten kennenlernte, ihn heiratete und mit ihm nach Chicago ging. Darum war sie ihm jedesmal so dankbar, wenn er ihr an Weihnachten Gesellschaft leistete, denn gerade an diesem Tag fällt das Alleinsein besonders schwer; das spürte sie dann schmerzlich, wenn er wieder ging, abends, um mit seiner Familie das Fest zu feiern. Aber für ein paar Stunden war er da, und sie war für ein paar Stunden an diesem Tag nicht allein. – Es ist schon spät! Zu spät? – Die Weihnachtsgeschichte ist zu Ende erzählt, eine hohe Knabenstimme singt herzergreifend „Stille Nacht, Heilige Nacht, alles schläft, einsam wacht …", und die alte Frau kann ihre Tränen nun nicht mehr zurückhalten, sie rinnen über die Wangen, platschen auf den Tisch – während vor dem Haus ein Auto hält. Der Hund lässt vom Knochen, horcht auf, wedelt mit dem Schwanz, bellt. Schritte draußen, die Frau blickt hoch, die Schritte kommen näher, sie streicht sich schnell die Tränen weg, wischt mit der Hand über den Tisch, es läutet. – Sie wusste, dass er kommt, sie wusste es, er kommt doch immer an Weihnachten! – und ein glückseliges Lächeln legt sich auf ihr Gesicht.

Mittlerweile sind viele Jahre vergangen, die alte Frau und ihr Hund leben schon lange nicht mehr, aber in meinen Gedanken und meinem Herzen haben sie bis heute einen festen Platz. Sie wohnte in Straubing in einem kleinen, baufälligen Haus, lebte mehr schlecht als recht von ihrer bescheidenen Rente, aber ich hörte sie niemals klagen, obwohl das Leben oft kein Mitleid mit ihr hatte. Jedesmal wenn ich in meine Geburtsstadt kam, schaute ich bei ihr vorbei. Wir plauderten, wir lachten, tranken Kaffee und aßen Brote mit Erdnussbutter, die ihr ihre Tochter regelmäßig aus den Staaten schickte. Undenkbar aber wäre es für mich gewesen, sie an Weihnachten nicht zu besuchen, und ihre unbändige Freude, mich zu sehen, war für mich immer ein ganz besonderes Weihnachtsgeschenk.

Leb im Hier und Iatz

Leb ned immer in gewesnen Zeitn,
de scho lang Geschichte san.
Sei ned traurig und verstimmt,
dass Vergangnes nimmer kimmt.

Leb ned ständig in der Wejt von morgn,
de du eh ned greifn konnst.
Mach dia koane Zukunftssorgn,
denn oft laafts anders, ois du moanst.

Leb stattdessen ganz im Hier und Iatz
und genieß den Augenblick.
Siehg und schätz de kloana Dinge,
und du findst dein Weg zum Glück.

Zum Autor

Andreas Dick, am 29.03.1964 in Straubing geboren, studierte nach dem Abitur in Freising in München und Regensburg Sport und Deutsch für das Lehramt an Gymnasien. Seit 1997 leitet er in Regensburg die Nachhilfe- und Förderschule *Teamworkers*. Mit seiner Familie lebt er seit 2002 in Wenzenbach bei Regensburg. Literarisch tätig wurde er schon frühzeitig, in diversen Tageszeitungen und Magazinen verfasste Andreas Dick immer wieder Artikel bzw. Buchkritiken. 1988 erschien das Märchenbuch *Xeiope*, 2005 sein Buch *A jeds von uns*, 2010 *Bhoit's Glück a weng bei dia*, 2013 Wohin dei Weg di führt und 2018 *Wos i dia wünsch*. Sehr am Herzen liegen dem Autor seine Lesungen, auf denen er gepflegte Mundartgedichte eindrucksvoll vorträgt; sie zeigen, wie wunderschön und gefühlvoll unser bairischer Dialekt ist.

Weitere Bücher von Andreas Dick

Andreas Dick
A jeds von uns
112 Seiten, Format 12,5 x 18,5 cm,
farbig bebildert, Hardcover
ISBN 978-3-9804235-3-0
Preis: 10,00 €

Andreas Dick
Bhoit's Glück a weng bei dia
112 Seiten, Format 12,5 x 18,5 cm,
farbig bebildert, Hardcover
ISBN 978-3-9804235-5-7
Preis: 10,00 €

Andreas Dick
Wohin dei Weg di führt
112 Seiten, Format 12,5 x 18,5 cm,
farbig bebildert, Hardcover
ISBN 978-3-9804235-7-1
Preis: 10,00 €

»Viel Humor findet sich in den Geschichten, immer gepflegt, nie derb oder unter der Gürtellinie. In Hochform ist der Autor bei seinen Mundart-gedichten, die unter die Haut gehen ...«

Ralf Strasser
(Mittelbayerische Zeitunug)

Toni Lauerer
Die schönsten Grimms Märchen auf Bairisch
1. Auflage 2018, 136 Seiten,
Format 17 x 24 cm, durchgehend farbig,
mit Illustrationen von Heidi Eichner,
Hardcover
ISBN 978-3-95587-719-4
Preis: 19,90 €

Toni Lauerer
Mei, bin i a Depp!
1. Auflage 2018,
152 Seiten,
Format 13,5 x 20,5 cm, Hardcover
ISBN 978-3-86646-371-4
Preis: 14,90 €

Michl Ehbauer
Bairische Weltgschicht, Band 1 (farbig illustrierte Schmuckausgabe)
6. Auflage 2019, 312 Seiten,
Format 14,8 x 21 cm, durchgehend farbig, mit Illustrationen von Heidi Eichner, Hardcover
ISBN 978-3-86646-760-6
Preis: 19,90 €

Otto Hietsch / Andreas Dick (Bearb.)
Wörterbuch Bairisch – English
2. erweiterte und überarbeitete Auflage 2019, 192 Seiten,
Format 14,8 x 21 cm,
s/w illustriert, Hardcover
ISBN 978-3-86646-739-2
Preis: 19,90 €

Toni Lauerer
Die schönsten Grimms Märchen auf Bairisch
1. Auflage 2018, 136 Seiten,
Format 17 x 24 cm, durchgehend farbig,
mit Illustrationen von Heidi Eichner,
Hardcover
ISBN 978-3-95587-719-4
Preis: 19,90 €

Toni Lauerer
Mei, bin i a Depp!
1. Auflage 2018,
152 Seiten,
Format 13,5 x 20,5 cm, Hardcover
ISBN 978-3-86646-371-4
Preis: 14,90 €

Klaus Schwarzfischer (schwafi)
Da Schtruwlbeda af Bairisch
1. Auflage 2018, 44 Seiten,
Format 17 x 24 cm, durchgehend farbig,
Hardcover
ISBN 978-3-95587-709-5
Preis: 14,90 €

Klaus Schwarzfischer (schwafi)
Max und Moritz af Bairisch
1. Auflage 2019, 64 Seiten,
Format 17 x 24 cm, durchgehend farbig,
Hardcover
ISBN 978-3-95587-752-1
Preis: 14,90 €